Friedrich Schiller

Die Räuber

ein Trauerspiel in 5 Akten

Friedrich Schiller

Die Räuber
ein Trauerspiel in 5 Akten

ISBN/EAN: 9783743438491

Hergestellt in Europa, USA, Kanada, Australien, Japan

Cover: Foto ©ninafisch / pixelio.de

Manufactured and distributed by brebook publishing software (www.brebook.com)

Friedrich Schiller

Die Räuber

Die Räuber.

Ein Trauerspiel in fünf Akten
von
Friedrich v. Schiller.

(Von demselben für die Bühne in Mannheim bearbeitete
Original=Auflage vom Jahre 1802.)

Mit Andeutung der bühnenüblichen Abkürzungen und
Aenderungen, neu herausgegeben
von
Leopold Weigel,
Schauspieler.

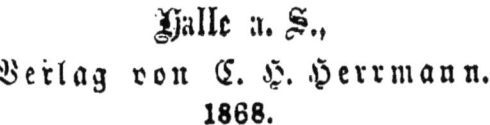

Halle a. S.,
Verlag von C. H. Herrmann.
1868.

Vorwort des Herausgebers.

Schon längst stellte sich bei den Bühnen das Bedürfniß nach einer neuen Auflage dieser vorliegenden „Mannheimer Räuber-Ausgabe" als bringend nothwendig heraus. Aber nicht allein für das Theater, sondern auch für die Lectüre that eine Verbreitung dieser Ausgabe als Supplement zu Schillers Werken bringend noth, leider fehlte dieselbe unter allen Ausgaben von letzteren.

Ich habe in dieser neuen Auflage die bühnenüblichen Striche resp. Kürzungen durch [ ] angedeutet und mich bezüglich der Textrevision darauf beschränkt, die orthographischen Fehler der alten Auflage zu berichtigen.

Die gebräuchlichen Abänderungen einzelner Sätze sind unter dem Originaltext mit aufgeführt, jede weitere Aenderung würde nur eine Verunstaltung des Werkes sein, und diesen Vorwurf mochte ich nicht auf mich laden.

So übergebe ich denn diese neue Auflage dem deutschen Publikum mit dem freudigen Bewußtsein, das Meinige zur Verbreitung der Werke unseres Lieblingsdichters gethan, und somit mein Scherflein zur Hebung unserer Nationalliteratur beigetragen zu haben.

Halle a. S. im Februar 1868.

Leopold Weigel,
Schauspieler.

Personen.

Maximilian, regierender Graf von Moor.
Karl, \
Franz, / seine Söhne.
Amalia, seine Nichte.
Spiegelberg, \
Schweizer, |
Grimm, |
Schufterle, > Libertiner, nachher Banditen.
Roller, |
Razmann, |
Kosinsky, /
Hermann, Bastard eines Edelmannes.
Eine Magistratsperson.
Daniel, ein alter Diener.
Ein Bedienter.
Räuber.
Volk.

Der Ort der Handlung ist Deutschland.

Das Stück spielt in der Zeit, als der ewige Landfriede in Deutschland errichtet ward.

Erster Aufzug.

Erster Auftritt.
Franken.
(Saal im Moorischen Schloß.)
Franz. Der alte Moor.

Franz. Aber ist euch wohl, Vater! Ihr seht so blaß.

Der alte Moor. Ganz wohl, mein Sohn — was hattest du mir zu sagen?

Franz. Die Post ist angekommen — ein Brief von unserm Correspondenten in Leipzig.

Der a. Moor (begierig). Nachrichten von meinem Sohne Karl?

Franz. Hm! Hm! — So ist es. Aber ich fürchte — wenn ihr krank seid — nur die leiseste Ahndung habt es zu werden, so laßt mich — ich will zu gelegener Zeit zu euch reden. (halb für sich) Diese Zeitung ist nicht für einen zerbrechlichen Körper.

D. a. Moor. Gott! Gott! was werd' ich hören?

Franz. Laßt mich vorerst auf die Seite gehen, und eine Thräne des Mitleids vergießen um meinen verlornen Bruder — Ich sollte schweigen auf ewig — denn er ist euer Sohn — ich sollte seine Schande verhüllen auf ewig — denn er ist mein Bruder. — Aber euch zu gehorchen ist meine erste traurige Pflicht — darum vergebt mir.

D. a. Moor. O Karl! Karl! wüßtest du, wie deine Aufführung das Vaterherz foltert! [Wie eine einzige frohe Nachricht von dir meinem Leben zehn Jahre zusetzen würde — da mich nun jede, ach! — einen Schritt näher an's Grab rückt!

Franz. Ist es das, alter Mann! so lebt wohl — wir alle würden noch heute die Haare ausraufen über eurem Sarge.

D. a. Moor. Bleib' — Es ist noch um den kleinen kurzen Schritt zu thun — laßt ihm seinen Willen. (indem er sich niedersetzt.) Die Sünden seiner Väter werden heimgesuchet im dritten und vierten Glied — laß ihn's vollenden.]

Franz (nimmt den Brief aus der Tasche.) Ihr kennt unsern Korrespondenten! Seht, den Finger meiner rechten Hand wollt' ich darum geben, dürft' ich sagen, er ist ein Lügner, ein schwarzer giftiger Lügner. — Faßt euch! Ihr vergebt mir, wenn ich euch den Brief nicht selbst lesen lasse — noch dürft ihr nicht alles hören.

D. a. Moor. Alles, alles — mein Sohn, [du ersparst mir die Krücke.]

Franz (liest): „Leipzig, vom ersten Mai. Dein Bruder scheint nun das Maß seiner Schande gefüllt zu haben; ich wenigstens kenne nichts über dem, was er wirklich erreicht hat, wenn nicht sein Genie das Meinige hierin übersteigt.] Gestern um Mitternacht hatte er den großen Entschluß, nach vierzigtausend Dukaten Schulden — ein hübsches Taschengeld, Vater — nachdem er zuvor die Tochter eines reichen Banquiers allhier entehrt, und ihren Galan, einen braven Jungen von Stand, im Duell auf den Tod verwundet, mit sieben andern, die er mit in sein Lasterleben gezogen, dem Arm der Justiz zu entlaufen." — Vater! um Gotteswillen, Vater! wie wird euch?

D. a. Moor. Es ist genug — Laß ab, mein Sohn!

Franz. Ich schone eurer — „man hat ihm Steckbriefe nachgeschickt, die Beleidigten schreien laut um Genugthuung, ein Preis ist auf seinen Kopf gesetzt — der Name Moor" — Nein! meine armen Lippen sollen nimmermehr einen Vater ermorden; (zerreißt den Brief) Glaubt es nicht, Vater! glaubt ihm keine Silbe!

D. a. Moor (weint bitterlich.) Mein Name! mein ehrlicher Name!

Franz. O, daß er Moors Namen nicht trüge! daß

mein Herz nicht so warm für ihn schlüge! Die gottlose Liebe, die ich nicht vertilgen kann, wird mich noch einmal vor Gottes Richterstuhl anklagen!

D. a. Moor. O — meine Aussichten! Meine goldnen Träume!

Franz. [Daß weiß ich wohl.] Das ist es ja, was ich eben sagte. Der feurige Geist, der in dem Buben lodert, sagtet ihr immer [der ihn für jeden Reiz von Größe und Schönheit so empfindlich macht, diese Offenheit, die seine Seele aus dem Auge spiegelt, diese Weichheit des Gefühls, dieser männliche Muth, dieser kindische Ehrgeiz, dieser unüberwindliche Starrsinn, und alle diese schönen glänzenden Tugenden, die im Vatersöhnchen keimten, werden ihn dereinst zu einem warmen Freund eines Freundes, zu einem trefflichen Bürger, zu einem Helden,] [[wird ihn]] zu einem großen, großen Manne machen — — Seht ihrs nun, Vater! — Der feurige Geist hat sich entwickelt, ausgebreitet, herrliche Früchte hat er getragen, seht diese Offenheit, wie hübsch sie sich zur Frechheit herum gedreht hat, [seht diese Weichheit, wie zärtlich sie für Koketten girret, wie so empfindsam für die Reize einer Phryne! Seht dieses feurige Genie, wie es das Oel seines Lebens in sechs Jährchen rein weggebrannt hat, daß er bei lebendigem Leibe umgeht, und da kommen die Leute, und sind so unverschämt und sagen: C'est l'amour qui a fait ça! Ah! seht doch diesen kühnen unternehmenden Kopf, wie er Pläne schmiedet und ausführt, vor denen die Heldenthaten eines Cartouches und Howards verschwinden!] Und wenn erst diese prächtigen Keime zur Reife erwachsen, — was läßt sich auch von einem so zarten Alter Vollkommenes erwarten? — Vielleicht, Vater! erlebet ihr noch die Freude, ihn an der Fronte eines Heeres zu erblicken, das in der heiligen Stille der Wälder residirt, und dem müden Wanderer seine Reise um die Hälfte der Bürde erleichtert. — Vielleicht könnt ihr noch, eh' ihr zu Grabe geht, eine Wallfahrt nach seinem Monumente thun, das er sich zwischen Himmel und Erden errichtet. — Vielleicht, — o Vater, Vater, Vater, — seht euch nach einem andern Namen um, sonst deuten Krämer und Gassenjungen mit Fingern auf euch, die euren Herrn Sohn auf dem Leipziger Marktplatz im Portrait gesehen haben.

D. a. Moor. Und auch du, mein Franz! auch du? O, meine Kinder! wie sie nach meinem Herzen zielen.

Franz. Ihr seht, ich kann auch witzig sein; aber mein Witz ist Scorpionstich. — Und dann der trockne Alltagsmensch, der kalte, hölzerne Franz, [und wie die Titelchen alle heißen mögen, die euch der Kontrast zwischen ihm und mir mochte eingegeben haben, wenn er euch auf dem Schooße saß, oder in die Backen zwickte] — der wird einmal zwischen seinen Grenzsteinen sterben, und modern und vergessen werden, wenn der Ruhm dieses Universalkopfes von einem Pole zum andern fliegt — ha! mit gefaltenen Händen dankt dir, o Himmel! der kalte, trockne, hölzerne Franz — daß er nicht ist, wie dieser!

D. a. Moor. Vergieb mir, mein Kind; [zürne nicht auf einen Vater, der sich in seinen Planen betrogen findet]. Der Gott, der mir durch Karl Thränen zusendet, wird sie durch dich, mein Franz, aus meinen Augen wischen.

Franz. Ja, Vater! aus euren Augen soll er sie wischen. Euer Franz wird sein Leben dran setzen, das eurige zu verlängern. [Euer Leben ist das Orakel, das ich vor allem zu Rathe ziehe über dem, was ich thun will, der Spiegel, durch den ich alles betrachte. — Keine Pflicht ist mir so heilig, die ich nicht zu brechen bereit bin, wenn's um euer kostbares Leben zu thun ist.] — Ihr glaubt mir das?

D. a. Moor. Du hast noch große Pflichten auf dir, mein Sohn — Gott segne dich für das, was du mir warst und sein wirst!

Franz. Nun sagt mir einmal [wenn ihr diesen Sohn nicht den euren nennen müßtet; ihr wäret ein glücklicher Mann?

D. a. Moor. Stille! o stille, da ihn die Wehmutter mir brachte, hub' ich ihn gen Himmel, und rief: bin ich nicht ein glücklicher Mann?

Franz. Das sagtet ihr. Nun habt ihrs gefunden! Ihr beneidet den schlechtesten eurer Knechte, daß er nicht Vater ist zu diesem — ihr habt Kummer, so lang' ihr diesen Sohn habt. Dieser Kummer wird wachsen mit Karl. Dieser Kummer wird euer Leben untergraben.

D. a. Moor. O! er hat mich zu einem achtzigjährigen Manne gemacht.

Franz. Nun also] — wenn ihr dieses Sohnes euch entäußertet?

D. a. Moor (auffahrend.) Franz! Franz! was sagst du? Du willst, ich soll meinen Sohn verfluchen?

Franz. Nicht doch! nicht doch! Euren Sohn sollt ihr nicht verfluchen. [Was heißt ihr euren Sohn? Dem ihr das Leben gegeben habt, wenn er sich auch alle erstaunliche Mühe giebt, das eurige zu verkürzen?

D. a. Moor. Ein unzärtliches Kind! Ach! aber mein Kind doch! mein Kind doch!

Franz. Ein allerliebstes köstliches Kind, dessen ewiges Studium ist, keinen Vater zu haben. — O daß ihrs begreifen lerntet! daß euch die Schuppen fielen vom Auge. Aber eure Nachsicht muß ihn an seinen Liederlichkeiten befestigen: euer Vorschub ihnen Rechtmäßigkeit geben. Ihr werdet freilich den Fluch von seinem Haupte laden; aber auf euch, Vater! auf euch wird der Fluch der Verdammniß fallen.

D. a. Moor. Gerecht! sehr gerecht! — Mein, mein ist alle Schuld!

Franz. Wie viel Tausende, die voll sich gesoffen haben vom Becher der Wollust, sind durch Leiden gebessert worden. Und ist nicht der körperliche Schmerz, den jedes Uebermaß begleitet, ein Fingerzeig des göttlichen Willens. Sollte ihn der Mensch durch seine grausame Zärtlichkeit vermehren? Soll der Vater das ihm anvertraute Pfand auf ewig zu Grunde richten?] Bedenkt, Vater! wenn ihr ihn seinem Elend auf einige Zeit Preis geben werdet, wird er nicht entweder umkehren müssen, und sich bessern? Oder wird er auch in der großen Schule des Elends ein Schurke bleiben, und dann, wehe dem Vater, der die Rathschlüsse einer höhern Weisheit durch Verzärtlung vernichtet! — Nun, Vater?

O. a. Moor. Ich will ihm schreiben, daß ich meine Hand von ihm wende.

Franz. Da thut ihr recht und klug daran.

O. a. Moor. Daß er nimmer vor meine Augen komme.

Franz. Das wird eine heilsame Wirkung thun.

O. a. Moor (zärtlich) Bis es anders wird.

Franz. Schon recht, schon recht; aber wenn er nun kommt mit der Larve des Heuchlers, euer Mitleid erweint, eure Vergebung sich erschmeichelt, und Morgen hingeht, und eurer Schwachheit spottet [am Arme seiner Huren?] — Nein, Vater! Er wird freiwillig wieder kehren, wenn ihn sein Gewissen rein gesprochen hat.

O. a. Moor. So will ich ihm auf der Stelle schreiben. (Er will gehen).

Franz. Halt! noch ein Wort, Vater! Eure Entrüstung, fürchte ich, möchte euch zu harte Worte in die Feder werfen, die ihm das Herz zerspalten würden [— und dann, glaubt ihr nicht, daß er das schon für Verzeihung nehmen werde, wenn ihr ihn noch eines eigenhändigen Schreibens werth haltet?] Darum wirds besser sein, ihr überlasset das Schreiben mir.

O. a. Moor. Thu' das, mein Sohn. — Ach! es hätte mir doch das Herz gebrochen! Schreib ihm —

Franz. (schnell) Dabei bleibts also?

O. a. Moor. Schreib ihm, daß ich [tausend blutige Thränen], tausend schlaflose Nächte — aber bring meinen Sohn nicht zur Verzweiflung.

Franz. Wollt ihr euch nicht zu Bette legen, Vater? Es griff euch hart an.

O. a. Moor. Schreib ihm, daß die väterliche Brust — ich sage dir, bring meinen Sohn nicht zur Verzweiflung. (geht kummervoll ab.)

Franz. (begleitet ihn mit spöttischen Blicken) Tröste dich, Alter! — Du wirst ihn nimmer an diese Brust drücken! Der Weg dazu ist ihm verrammelt, wie der Himmel der Hölle. Er war aus deinen Armen gerissen, ehe du wußtest, daß du es wollen könntest. — [Ich muß doch diese Papiere zusammenlesen, wie leicht könnte Jemand meine Handschrift kennen? (er ließ die zerrissenen Briefstücke zusammen) Da müßt' ich ein elender Stümper sein, wenn ich's nicht einmal so weit gebracht hätte, einen Sohn vom Herzen des Vaters abzulösen, und wäre er mit ehernen Banden daran geklammert. —] Glück zu, Franz! weg ist das Schooßkind! Ein Riesenschritt zum Ziele! und ihr muß ich diesen Karl aus dem Herzen reißen, und wenn das Herz mitgehen sollte. (auf- und abgehend mit großen Schritten.) Ich habe große Rechte, mit der Natur zu grollen, und, bei meiner Ehre: ich will sie geltend machen. [Warum mußte sie mir diese Bürde von Häßlichkeit aufladen? Warum gerade nur mir? (auf den Boden stampfend) Mord und Tod? warum nur mir? Nicht anders, als ob sie bei meiner Geburt einen Rest gesetzt hätte. —] Sie verschwor sich wider mich schon in der ersten Stunde meines Werdens — Wohlan! so schwör ich mich hier wider sie auf ewig. — Ihre schönsten Werke will ich zerstören, da ich sie nicht kann Bruder oder Schwester nennen. — Den Bund der Seelen will ich zerreißen, da er mich ausschließt. Sie verjagte mir das süße Spiel des Herzens, der Liebe überredendes Geschwätz — so will ich meine Wünsche ertrotzen mit herrischer Gewalt, so will ch ausrotten um mich her; was mich einschränkt, daß ich nicht Herr bin.

Zweiter Auftritt.

Amalia. (kommt langsam durch die hintern Zimmer.)

Franz. Sie kommt! — Aha! meine Arzeneien wirken! — Das lehrt mich ihr Gang — ich liebe sie nicht — — aber ich will nicht haben, daß ein anderer durch so viel Reize glücklich werde. — [In meinem Arm soll sie ihr Grab finden, und niemand geblüht haben. — Hollah! sieh doch! was macht sie da?]

Amalia. (hat, ohne ihn bemerkt zu haben, einen Blumenstrauß zerrissen, und zertritt ihn mit Füßen.)

Franz. (tritt näher, hämisch.) Was wohl diese armen Violen ausbaden müssen. . . .

Amalia. (fährt zusammen, und mißt ihn mit einem langen Blick.) Du hier? Erwünscht! Dich wollt ich eben haben, dich allein! — Dich in der ganzen weiten Schöpfung allein!

Franz. Glücklich! glücklich! und ich allein dir jetzt alles in der ganzen weiten Schöpfung?

Amalia. Du! Einzig du — [heiß und hungrig hab' ich nach dir gelechzt! Bleib, ich beschwöre dich!] Ich mache mir Luft, wenn ich meinen Schmerz in dein Angesicht geifern kann, Giftmischer!

Franz. Mir diese Begegnung? Kind, du bist am Unrechten; geh' zum Vater.

Amalia. Vater! — Ha, ein Vater, der seinen Sohn auftischt der Verzweiflung! daheim labt er sich mit süßem köstlichen Wein, und pflegt seiner morschen Glieder in Kissen von Eider, während sein großer herrlicher Sohn darbt. — [Schämt euch, ihr Unmenschen! schämt euch, ihr Drachenseelen, ihr Schande der Menschheit] — Sein einziger Sohn!

Franz. Ich dächte, er hätte ihrer zwei.

Amalia. Ja, er verdient solche Söhne zu haben, wie du bist. Auf seinem Todtenbette wird er umsonst die welken Hände ausstrecken nach seinem Karl, und schaudernd zurückfahren, wenn er die eiskalte Hand seines Franzens faßt. O! es ist süß, es ist köstlich süß, von einem Vater verflucht zu werden.

Franz. Du schwärmst, meine Liebe, du bist zu bedauern.

Amalia. O ich bitte dich — bedauerst du deinen Bruder? — Nein, Unmensch, du hassest ihn! Du hassest mich doch auch?

Franz. Ich liebe dich, wie mich selbst, Amalia.

Amalia. Wenn du mich liebst, kannst du mir wohl eine Bitte abschlagen?

Franz. Keine, keine! wenn sie nicht mehr ist, als mein Leben.

Amalia. O, wenn das ist! Eine Bitte, die du so leicht, so gern erfüllen wirst. — (stolz) Hasse mich! Ich müßte feuerroth werden vor Scham, wenn ich an Karl denke, und mir eben einfiele, daß du mich nicht haſſeſt. 'Du verſprichſt mirs doch? Jetzt geh' und laß mich.

Franz. Allerliebſte Träumerin! wie ſehr bewundere ich dein ſanfteſtes liebevolles Herz. (ihr auf die Bruſt klopfend) Hier, hier herrſchte Karl wie ein Gott in ſeinem Tempel, Karl ſtand vor dir im Wachen, Karl regierte in deinen Träumen, die ganze Schöpfung ſchien dir nur in den Einzigen zu zerfließen, den Einzigen wieder zu ſtrahlen, den Einzigen dir entgegen zu tönen.

Amalia. (bewegt) Ja wahrhaftig, ich geſteh' es. Euch Barbaren zum Trotz will ichs vor aller Welt geſtehen — ich lieb ihn!

[Franz. Unmenſchlich, grauſam! dieſe Liebe ſo zu belohnen! die zu vergeſſen. —

Amalia. (auffahrend) Was, mich vergeſſen?

Franz. Hatteſt du ihm nicht einen Ring an den Finger geſteckt? Einen Diamantring zum Unterpfand deiner Treue! — Freilich nun, wie kann auch ein Jüngling den Reizen einer Metze Widerſtand thun? Wer wirds ihm auch verdenken, da ihm ſonſt nichts mehr übrig war wegzugeben, — und bezahlte ſie ihn nicht mit Wucher dafür mit ihren Liebkoſungen, ihren Umarmungen.

Amalia. (aufgebracht) Meinen Ring einer Metze?

Franz. Pfui, Pfui! das iſt ſchändlich. Wohl aber, wenn's nur das wäre! — Ein Ring, ſo koſtbar er auch iſt, iſt im Grunde bei jedem Juden wieder zu haben — vielleicht mag ihm die Arbeit daran nicht gefallen haben — vielleicht hat er einen ſchönern dafür eingehandelt.

Amalia. (heftig) Aber meinen Ring — ich ſage meinen Ring?

Franz. Keinen andern, Amalia — Ha! ſolch ein Kleinod und an meinem Finger — und von Amalia! — Von hier ſollt ihn der Tod nicht geriſſen haben — nicht wahr, Amalia? Nicht die Koſtbarkeit des Diamants, nicht die Kunſt des Gepräges — die Liebe macht ſeinen Werth aus. — Liebſtes Kind, du weinſt? Wehe über den, der dieſe köſtli=

chen Tropfen aus so himmlischen Augen preßt! ach! und wenn du erst alles wüßtest, ihn selbst sähest, ihn unter der Gestalt sähest?

Amalia. Ungeheuer! wie, unter welcher Gestalt?

Franz. Stille, stille, gute Seele! frage mich nicht aus! (wie vor sich, aber laut) Wenn es doch wenigstens einen Schleier hätte, das garstige Laster, sich dem Auge der Welt zu entstehlen! aber da blickts schrecklich durch den gelben bleifarbenen Augenring! — da verräth sichs im todtenblassen eingefallenen Gesicht, und dreht die Knochen häßlich hervor — da stammelts in der halb verstümmelten Stimme — da predigts fürchterlich laut vom zitternden hinschwankenden Gerippe — da durchwühlt es der Knochen innerstes Mark, und nistet abscheulich in den Gruben der viehischen Schande. — Pfui, Pfui! mir ekelt. — Du hast jenen Elenden gesehen, Amalia! der in unserem Siechenhause seinen Geist aushauchte, die Scham schien ihr scheues Auge vor ihm zuzublinzen — du riefest Wehe über ihn aus. Ruf dies Bild noch einmal ganz in deine Seele zurück, und Karl steht vor dir. Seine Küsse sind Pest; seine Lippen vergiften die deinen!

Amalia. Schamloser Lästerer! (sich abwendend).

Franz. Graut dir vor diesem Karl? ekelt dir schon vor dem matten Gemälde? Geh, gaff ihn selbst an, deinen schönen, englischen, göttlichen Karl! Geh, sauge seinen balsamischen Athem ein, und laß dich von den Ambrosia-Düften begraben, die aus seinem Rachen dampfen! (Amalia verhüllt das Gesicht) Welches Aufwallen der Liebe! welche Wollust in der Umarmung — Aber ist es nicht ungerecht, einen Menschen um seiner siechen Außenseite willen zu verdammen? Auch im elendesten Krüppel kann eine große liebenswürdige Seele, wie ein Rubin aus dem Schlamme glänzen. (boshaft lächelnd) Auch aus blatterichten Lippen kann ja die Liebe — Freilich, wenn das Laster auch die Festen des Charakters erschüttert, wenn mit der Keuschheit auch die Tugend davon fliegt, wie der Duft aus der welken Rose verdampft — wenn mit dem Körper auch der Geist zum Krüppel verdirbt —

Amalia. (froh aufspringend) Ha! Karl! Nun erkenn ich

dich wieder! du bist's noch ganz! ganz! alles war Lüge! — Weißt du nicht, Bösewicht, daß Karl unmöglich das werden kann?]

Franz. (steht einige Zeit tiefsinnig, dann drehet er sich plötzlich um zu gehen).

Amalia. Wohin so eilig, fliehest du vor deiner eigenen Schande?

Franz. (mit verhülltem Gesicht) Laß mich, laß mich! — meinen Thränen den Lauf lassen — tyrannischer Vater! den besten deiner Söhne so hinzugeben dem Elend — der ringsumgebenden Schande — Laß mich, Amalia! ich will ihm zu Füßen fallen, auf den Knieen will ich ihn beschwören, den ausgesprochenen Fluch auf mich, auf mich zu laden — mich zu enterben — mich — mein Blut — mein Leben — alles —

Amalia. (fällt ihm um den Hals) Bruder meines Karls, bester, liebster Franz!

Franz. O Amalia! wie lieb ich dich um dieser unerschütterten Treue gegen meinen Bruder. — [Verzeih, daß ich es wagte, deine Liebe auf diese harte Probe zu setzen! — Wie schön hast du meine Wünsche gerechtfertigt! — Mit diesen Thränen, diesen Seufzern, diesem himmlischen Unwillen — auch für mich, für mich,] — unsere Seelen stimmten so zusammen.

Amalia. (schüttelt den Kopf) Nein, nein, bei jenem keuschen Lichte des Himmels! kein Aederchen von ihm, kein Fünkchen von seinem Gefühle —

Franz. Es war ein stiller heiterer Abend, der letzte, eh' er nach Leipzig abreiste, da er mich mit sich in jene Laube nahm, wo ihr so oft zusammen saßet in Träumen der Liebe — stumm blieben wir lang — zuletzt ergriff er meine Hand und sprach leise mit Thränen: ich verlasse Amalia, ich weiß nicht — mir ahndets, als hieß es auf ewig — verlaß sie nicht, Bruder! sei ihr Freund — ihr Karl — wenn Karl — nimmer — wiederkehrt — (er stürzt vor ihr nieder und küßt ihr die Hand mit Heftigkeit) Nimmer, nimmer, nimmer wird er wiederkehren; und ich habs ihm zugesagt mit einem heiligen Eide!

Amalia. (zurückspringend) Verräther! wie ich dich ertappte! In eben dieser Laube beschwur er mich, keiner andern Liebe — wenn er sterben sollte — Siehst du, wie gottlos, wie abscheulich du bist! — geh' aus meinen Augen!

Franz. Du kennst mich nicht, Amalia! du kennst mich gar nicht!

Amalia. O ich kenne dich, von jetzt an kenne ich dich — und du wolltest ihm gleich sein? Vor dir sollt' er um mich geweint haben? Vor dir? Ehe hätt' er meinen Namen auf den Pranger geschrieben! Geh den Augenblick!

Franz. Du beleidigst mich!

Amalia. Geh', sag' ich. Du hast mir eine kostbare Stunde gestohlen; sie werde dir an deinem Leben abgezogen.

Franz. Du hassest mich!

Amalia. Ich verachte dich, geh!

Franz. (mit den Füßen stampfend) Wart! so sollst du vor mir zittern! mich einem Bettler aufzuopfern! (zornig ab.)

Amalia. Geh, Lotterbube! — Jetzt bin ich wieder bei Karl. — Bettler, sagt er? [So hat die Welt sich umgedreht; Bettler sind Könige, und Könige sind Bettler! — Ich möchte die Lumpen, die er anhat, nicht mit dem Purpur der Gesalbten vertauschen;] der Blick, mit dem er bettelt, das muß ein großer, ein königlicher Blick sein — ein Blick, der die Herrlichkeit, den Pomp, die Triumphe der Großen und Reichen zernichtet! [In den Staub mit dir, du prangendes Geschmeide! (sie reißt sich die Perlen vom Hals) Seid verdammt, Gold und Silber und Juwelen zu tragen, ihr Großen und Reichen! Seid verdammt, an üppigen Mahlen zu zechen! Verdammt, euren Gliedern wohlzuthun auf weichen Polstern der Wollust —] Karl! Karl! so bin ich deiner werth. — (ab.)

Verwandlung.

Dritter Auftritt.
(An den Grenzen von Sachsen.)

Gasthof.

Karl Moor (unruhig auf und nieder.)

Wo die Kerls auch herumschlendern? — Gewiß haben sie einen Ritt gemacht. — He! noch mehr Wein her! —

Und es wird Abend, und keine Post noch da —(die Hand vor die Brust) Knabe! Knabe! wie dir's hier klopft! — Wein! Wein! Ich brauche heute meinen Muth zwiefach — sei's zur Freud' oder Verzweiflung. (man wartet auf, er trinkt, und setzt das Glas ungestüm nieder) Ueber die verfluchte Ungleichheit in der Welt! — Das Gelb verrostet in den Kisten ausgedörrter Pickelhäringe, und Armuth legt Blei an die kühnsten Unternehmungen der Jugend — Kerls, die zehnmal krepiren, ehe sie ihre Zinsen überrechnen, trippeln mir die Schwelle ab, eine Hand voll elende Schulden einzutreiben — so warm ich ihnen die Hand drückte. — Nur noch einen Tag — Umsonst! Bitten — Schwüre — Thränen prellten ab von ihrer bockledernen Seele.

Vierter Auftritt.

Spiegelberg. (mit Briefen.) Voriger.

Spiegelberg. Pest! Pest! Ein Streich auf den andern! Vermalmedeit! Weißt du, Moor? Weißt du? Man möchte rasend werden.

Moor. Was denn wieder?

Spiegelberg. Du fragst? Lies — lies selbst — Niedergelegt ist unsere Wirthschaft — Friede in Deutschland — der Teufel hole die Pfaffen.

Moor. Friede in Deutschland!

Spiegelberg. Es ist zum Aufhängen — Und das Faustrecht abgeschafft für immer. — [Alle Fehden bei Todesstrafe verboten. — Mord und Tod! — Krepier, Moor!] — Federn werden kritzeln, wo sonst unsre Schwerter durchhauten.

Moor. (wirft sein Schwert nieder) So mögen denn Memmen und Schurken das Regiment führen, und Männer ihre Schwerter zerbrechen. — Friede in Deutschland, — [Geh, diese Zeitung hat dich auf ewig schwarz gebrandmarkt. — Gänsekiele für Schwerter] — Nein! ich mag nicht daran denken. — [Ich soll meinen Leib pressen in eine Schnürbrust, und meinen Willen in Gesetze schnüren. — Friede

in Deutschland! Fluch über den Frieden, der zum Schnecken-
gang verdirbt, was Adlerflug geworden wäre! — Der
Friede hat noch keinen großen Mann gebildet, aber der
Krieg brütet Kolosse und Helden aus. — (bedeutend) Ah!
daß der Geist Herrmanns noch in der Asche glimmte —
Stelle mich vor ein Heer Kerls, wie ich, und aus Deutsch-
land — aus Deutschland. — Doch! Nein! nein! Laß! Es
soll herunter! Seine Stunde ist gekommen. — Kein freier
Aberschlag in Barbarossa's Enkel mehr übrig.] — Ich will's
Fechten verlernen in meinen väterlichen Hainen.

Spiegelberg. Wie zum Teufel? Du wirst doch den
verlornen Sohn nicht spielen wollen? — [Ein Kerl, wie
du, der mit dem Degen mehr auf die Gesichter geschrieben
hat, als drei Schreiber in einem Schaltjahr ins Befehlbuch
sudeln. Pfui! schäm dich!] — Das Unglück muß einen großen Mann nicht zur Memme machen.

Moor. Ich will ihn spielen, Moritz! und ich schäme mich
nicht. Nenn' es Schwäche, daß ich meinen Vater ehre —
es ist die Schwäche eines Menschen, und wer sie nicht hat,
muß entweder ein Gott oder — ein Vieh sein. Laß mich
immer mitten inne bleiben.

Spiegelberg. Geh, geh! Du bist nicht mehr Moor.
[Weißt du noch, wie tausendmal du die Flasche in der Hand
den alten Filz hast aufgezogen, und gesagt: Er soll nur
darauf losschaben und scharren, du wolltest dir dafür die
Gurgel absaufen — weißt du noch? He? Weißt du noch?
O du heilloser, erbärmlicher Prahlhans! Das war noch
männlich gesprochen und edelmännisch, aber —

Moor. Verflucht seist du, daß du mich daran erinnerst!
Verflucht ich, daß ich es sagte! Aber es war nur im Dampfe
des Weins, und mein Herz hörte nicht, was meine Zunge
prahlte.

Spiegelberg. (schüttelt den Kopf) Nein! nein! nein! das
kann nicht sein. Unmöglich, Bruder! das kann dein Ernst
nicht sein. Sag, Brüderchen, ist es nicht die Noth, die dich
so stimmt. O! so laß dir nicht bange sein, wenn's auch
aufs äußerste kommt. Der Muth wächst mit der Gefahr;
die Kraft erhebt sich im Drang. — Das Schicksal muß

große Männer aus uns haben wollen, weil's uns so quer durch den Weg streicht.

Moor. (ärgerlich) Ich wüßte nicht, wozu wir den Muth noch haben sollten, und noch nicht gehabt hätten.

Spiegelberg. So? und] du willst also deine Gaben in dir verwittern lassen? dein Pfund vergraben? Meinst du, deine Stinkereien in Leipzig machen die Grenzen des menschlichen Witzes aus? Da laß uns erst in die große Welt kommen. Paris und London! — wo man Ohrfeigen einhandelt, wenn man einen mit dem Namen eines ehrlichen Mannes grüßt. — [Du wirst gaffen! Da ist es auch ein Seelenjubilo, wenn man das Handwerk ins Große praktizirt. — Du wirst gaffen! Du wirst Augen machen! Wart, wie man Handschriften nachmacht, Würfel verdreht, Schlösser aufbricht, und den Koffern das Eingeweide ausschüttet. —] Das sollst du noch von Spiegelberg lernen! den Schuft soll man an den nächsten besten Galgen knüpfen, der bei geraden Fingern verhungern will.

Moor. (beißend) Wie? Du hast es soweit gebracht?

Spiegelberg. Ich glaube gar, du setzest ein Mißtrauen in mich. Wart, laß mich erst warm werden; du sollst Wunder sehen, [dein Gehirnchen soll sich im Schädel umdrehen, wenn mein kreisender Witz in die Wochen kommt.] (auf den Tisch schlagend) Aut Caesar, aut nihil! Du sollst eifersüchtig über mich werden.

Moor. (sieht ihn an) Moritz!

Spiegelberg. (steht auf, hitzig) Ja eifersüchtig — giftig sollst du, sollt ihr alle über mich werden. Ich will Pfiffe ausspinnen, darüber euch der Verstand stille stehen soll. — [Wie es sich aufhellt in mir! Große Gedanken dämmern auf meiner Seele! Riesenplane gähren in meinem schöpferischen Schädel. Verfluchte Schlafsucht! (sich vor'n Kopf schlagend) die bisher meine Kräfte in Ketten schlug, meine Aussichten sperrte und spannte; ich erwache, fühle, wer ich bin — wer ich werden muß! Geh, laß mich.] Ihr alle sollt noch von mir das Gnadenbrod haben!

Moor. Du bist ein Narr. Der Wein bramarbasirt aus deinem Gehirne.

Spiegelberg. (bitfiger) "Spiegelberg, wird es heißen, kannst du hexen, Spiegelberg? Es ist Schade, daß du kein General worden bist, Spiegelberg, wird der König sagen, du hättest die Türken durch ein Knopfloch gejagt. [Ja, hör' ich die Doktors jammern, es ist unverantwortlich, daß der Mann nicht die Medicin studiret hat, er hätte ein neues Kropfpulver erfunden. Ach! und daß er das Kamerale nicht zum Fach genommen hat, werden die Sullys in ihren Kabinetten seufzen, er hätte aus Steinen Louisd'or hervor gezaubert."] Und Spiegelberg, wird es heißen in Osten und Westen — und in den Koth mit euch, ihr Memmen, ihr Kröten, indeß Spiegelberg mit ausgespreiteten Flügeln zum Tempel des Nachruhms empor steigt.

Moore. Glück auf den Weg! Steig du auf Schandsäulen zum Gipfel der Ehre. Im Schatten meiner väterlichen Haine, in den Armen meiner Amalia lockt mir ein edleres Vergnügen. Schon die vorige Woche hab' ich meinem Vater um Vergebung geschrieben, hab' ihm nicht den kleinsten Umstand verschwiegen, und wo Aufrichtigkeit ist, ist auch Mitleid und Hülfe. Laß uns Abschied nehmen, Moritz. Wir sehen uns heut, und nie mehr. Die Post ist angelangt. Die Verzeihung meines Vaters ist schon innerhalb dieser Stadtmauern.

Fünfter Auftritt.

Schweizer. Grimm. Roller. Schufterle.

(treten auf.)

Roller. Wißt ihr auch, daß man uns auskundschaftet?

Grimm. Daß wir keinen Augenblick sicher sind, aufgehoben zu werden?

Moor. Mich wunderts nicht. Es gehe, wie es will. Saht ihr den Razmann nicht? sagt er euch von keinem Brief, den er an mich hätte?

Roller. Schon lang sucht er dich, ich vermuthe so etwas.

Moor. Wo ist er? wo, wo? (will eilig fort.)

Roller. Bleib! wir haben ihn hierher beschieden. Du zitterst? —

Moor. Ich zittre nicht. Warum sollt ich auch zittern? Kameraden! Dieser Brief — freut euch mit mir! Ich bin der Glücklichste unter der Sonne, warum sollt ich zittern?

Schweizer. (setzt sich an Spiegelbergs Tisch, und trinkt seinen Wein aus.)

Sechster Auftritt.

Razmann. (tritt auf.)

Moor. (fliegt ihm entgegen) Bruder, Bruder, den Brief! den Brief!

Razmann. (giebt ihm den Brief, den er hastig aufbricht) Was ist dir? wirst du nicht wie die Wand?

Moor. Meines Bruders Hand.

Roller. Was treibt denn der Spiegelberg?

Grimm. Der Kerl ist unsinnig. Er macht Gestus, wie beim St. Veitstanz.

Schufterle. Sein Verstand geht im Ring herum. Ich glaub', er macht Verse.

Roller. Spiegelberg! He Spiegelberg! Die Bestie hört nicht.

Grimm. (schüttelt ihn.) Kerl, träumst du, oder?

Spiegelberg. (der die ganze Zeit über mit den Pantomimen eines Projektmachers in der Stubenecke gearbeitet hat, springt wild auf.) La bourse, ou la vie! (und packt Schweizern an der Gurgel, der ihn gelassen an die Wand wirft; alle lachen. Moor läßt den Brief fallen, und will hinaus rennen. Alle fahren auf.)

Roller. (ihm nach) Moor! wohinaus, Moor? was beginnst du?

Grimm. Was hat er? was hat er? Er ist bleich wie eine Leiche.

Moor. Verloren, verloren! (rennt hinaus)

Grimm. Das müssen schöne Neuigkeiten sein! Laß doch sehen.

Roller. (nimmt den Brief von der Erde und liest) „Unglückli=„cher Bruder!" Der Anfang klingt lustig. „Nur kitzlich „muß ich dir melden, daß deine Hoffnung vereitelt ist —

„du sollst hingehen, läßt dir der Vater sagen, wohin dich
„deine Schandthaten führen. Auch sagt er, werdest du dir
„keine Hoffnung machen, jemals Gnade zu seinen Füßen
„zu erwimmern, wenn du nicht gewärtig sein wollest, im un-
tersten Gewölbe seiner Thürme mit Wasser und Brod so
lang traktirt zu werden, bis deine Haare wachsen wie Ad-
lersfedern, und deine Nägel wie Vogelklauen werden. Das
sind seine eignen Worte. Er befiehlt mir den Brief zu
schließen. Leb wohl auf ewig! Ich bedaure dich —
Franz von Moor.

Schweizer. Ein zuckersüßes Brüderchen! In der That!
Franz heißt die Kanaille?

Spiegelberg. *(sachte herbeischleichend)* Von Wasser und
Brod ist die Rede? Ein schönes Leben! Da hab' ich anders
für euch gesorgt! Sagt' ichs nicht, ich müßt' am Ende für
euch alle denken?

Schweizer. Was sagt der Schafskopf? Der Esel will
für uns alle denken?

Spiegelberg. Hasen, Krüppel, lahme Hunde seid ihr
alle, wenn ihr das Herz nicht habt, etwas Großes zu wagen.

Roller. Nun, das wären wir freilich, du hast Recht —
aber wird es uns auch aus dieser vermaledeiten Lage
reißen, [was du wagen wirst? Wird es?]

Spiegelberg. *(mit einem stolzen Gelächter)* Armer Tropf!
aus dieser Lage reißen? Ha ha ha? — [aus dieser Lage
reißen? Und auf mehr raffinirt dein Fingerhut voll Gehirn nicht? und damit trabt deine Mähre zum Stalle?]
Spiegelberg müßte ein Tropf sein, wenn er mit dem nur
anfangen wollte. Zu Helden, sag ich dir, zu Freiherrn,
zu Fürsten, zu Göttern wirds euch machen!

Razmann. Das ist viel auf einen Hieb, wahrlich! [aber
es wird wohl eine halsbrechende Arbeit sein] den Kopf wirds
wenigstens kosten.

Spiegelberg. Dich nicht, Razmann! dafür steh' ich
dir — [es will nichts als Muth, denn was den Witz be-
trifft, den nehm ich ganz über mich,] Muth, sag ich, Schweizer! Muth, Roller, Grimm, Razmann, Schufterle! Muth! —

Schweizer. Muth? wenns nur das ist — Muth hab ich genug, um barfuß mitten durch die Hölle zu gehen.

Roller. Muth genug, mich unterm lichten Galgen mit dem leibhaftigen Teufel um einen armen Sünder zu balgen.

Spiegelberg. So gefällt mir's! wenn ihr Muth habt, so tret' einer auf, und sag: er habe noch etwas zu verlieren, und nicht alles zu gewinnen. [es folgt eine große Pause] Keine Antwort?

Roller. Nun! was bedarf's des langen Geplauders? [Wenns ein Gescheidter begreifen, und ein Mann ausführen kann —] heraus mit der Sprache.

Spiegelberg. Also denn! (er stellt sich mitten unter sie im beschwörenden Ton) Wenn noch ein Tropfen deutschen Heldenbluts in euern Adern rinnt — kommt! wir wollen uns in den böhmischen Wäldern niederlassen, dort eine Räuberbande zusammen ziehen, und — was gafft ihr mich an? — Ist euer Bischen Muth schon verdampft?

Roller. Du bist wohl nicht der erste Gauner, der über den hohen Galgen weggesehen hat — und doch — was hätten wir sonst noch für eine Wahl übrig?

Spiegelberg. Wahl? was? nichts habt ihr zu wählen! Wollt ihr im Schuldthurm stecken, und zusammenschnurren, bis man zum jüngsten Tag posaunt? Wollt ihr euch mit der Schaufel und Haue um einen Bissen Brod abquälen? [Wollt ihr an der Leute Fenster mit einem Bänkelsängerlied ein mageres Almosen erpressen? Oder wollt ihr zum Kalbfell schwören — und da ist erst noch die Frage, ob man euren Gesichtern traut — und dort unter der milzsüchtigen Laune eines gebieterischen Korporals das Fegfeuer zum voraus verdienen? Oder bei klingendem Spiel nach dem Takt der Trommel spazieren gehen, oder im Galliotenparadies das ganze Eisenmagazin Vulkans hinterherschleifen?] Seht, das habt ihr zu wählen, da ist es beisammen, was ihr wählen könnt.

Roller. Du bist ein Meisterredner, Spiegelberg, wenn's darauf ankommt, aus einem ehrlichen Mann einen Hallunken zu machen. [Aber sag doch einer, wo der Moor bleibt? —

Spiegelberg. Ehrlich, sagst du? Meinst du, du seist nachher weniger ehrlich, als du jetzt bist? Was heißt du ehrlich? Reichen Filzen ein Drittheil ihrer Sorgen vom Halse schaffen, die ihnen nur den goldenen Schlaf verscheuchen; das stockende Geld in Umlauf bringen, das Gleichgewicht der Güter wieder herstellen, mit einem Wort, das goldene Alter wieder zurückrufen, dem lieben Gott von manchem lästigen Kostgänger helfen, ihm Krieg, Pestilenz, theure Zeit und Doktors ersparen — und so bei jedem Braten, den man ißt, den schmeichelhaften Gedanken zu haben, den haben dir deine Finten, dein Löwenmuth, deine Nachtwachen erworben — von Großen und Kleinen respektirt zu werden.

Roller. Und endlich gar bei lebendigem Leibe gen Himmel fahren, und trotz Sturm und Wind, trotz dem gefräßigen Magen der alten Urahne Zeit unter Sonne und Mond und allen Fixsternen schweben, wo selbst die unvernünftigen Vögel des Himmels herbei gelockt, ihr himmlisches Concert musiciren? Nicht wahr? — Und wenn Monarchen und Potentaten von Motten und Würmern verzehrt werden, die Ehre haben zu dürfen, von Jupiters königlichem Vogel Visiten anzunehmen? Moritz, Moritz, Moritz!] nimm dich in Acht! nimm dich in Acht, vor dem dreibeinigten Thiere.

Spiegelberg. Und das schreckt dich, Hasenherz! Ist doch schon manches Universalgenie, das die Welt hätte reformiren können, unter freiem Himmel verfault? — [Und spricht man nicht von so einem Jahrhunderte, Jahrtausende lang, da mancher König und Kurfürst in der Geschichte überhüpft wurde, wenn sein Geschichtschreiber die Lücke in der Successionsleiter nicht scheute, und sein Buch dadurch nicht um ein Paar Octavseiten größer würde, die ihm der Verleger mit baarem Gelbe bezahlt?] Und, wenn dich der Wanderer so hin- und herfliegen sieht im Winde — der muß auch kein Wasser im Hirn gehabt haben, brummt er in den Bart, und seufzt über die elenden Zeiten.

Razmann. Meisterlich, Spiegelberg, meisterlich! [Du hast wie ein anderer Orpheus die heulende Bestie, mein

Gewissen in den Schlaf gesungen.] Nimm mich ganz, wie ich da bin.

Grimm. [Und laß es auch Prostitution heißen; — was folgt? — Kann man nicht auf den Fall immer ein Pülverchen mit sich führen, das einen so im Stillen über den Acheron fördert, wo kein Hahn darnach kräht.] — Frisch, Bruder Moritz! so lautet auch Grimms Katechismus. (er giebt ihm die Hand).

Schufterle. [Blitz! es ist eine Auktion in meinem Kopf — Quackfalber — Lotterie, Goldmacher durcheinander und Gauner. Wer am meisten bietet, der hat mich. — Nimm diese Hand, Vetter!]

Schweizer. (kommt langsam näher, und reicht ihm die Hand) Moritz — du bist ein großer Mann! oder besser: es hat ein blindes Schwein eine Eichel gefunden.

Roller. (nach einigem Nachdenken, wobei er einen langen Blick auf Schweizern haftet) Und auch du, Freund! (streckt ihm die rechte Hand hin mit Wärme) Roller mit Schweizer — und ging's auch in die Hölle.

Spiegelberg. (froh aufspringend) Den Sternen zu, Kameraden — freie Passage zu Cäsar und Catilina! — Frisch stürzt die Gläser! Es lebe der Gott Merkur.

Alle. (stürzen die Gläser) Lebe.

Spiegelberg. Und nun brecht auf. Ans Werk! Heut' über's Jahr muß jeder von uns eine Grafschaft überbieten können.

Schweizer. (in den Bart) Wenn er nicht auf dem Rade liegt. (sie wollen gehen.)

Roller. Sachte, Kinder, sachte! Wohin? Das Thier muß auch seinen Kopf haben. Ohne Oberhaupt ging Rom und Sparta zu Grunde.

Spiegelberg. (geschmeidig) Ja! haltet! Roller sagt recht — und es muß ein verschmitzter, erleuchteter Kopf sein — Ein feiner politischer Kopf muß das sein. — Ha! (mit verschränkten Armen unter sie hinstehend) Wenn ich euch darum betrachte, was ihr vor wenig Augenblicken waret, was ihr jetzt seid, durch einen glücklichen Gedanken seid — Ja frei-

lich, freilich müßt ihr einen Chef haben — Und ein solcher
Gedanke, sprecht selber, konnte nur aus einem verschmitzten,
politischen Kopf springen.

Roller. Wenn sich's hoffen ließe — träumen ließe —
aber ich zweifle an seiner Einwilligung.

Spiegelberg. (schmeichelhaft) Und warum verzweifeln,
Brüderchen? [So schwer es auch ist das kämpfende Schiff
gegen Sturm und Wellen zu lenken —] so schwer sie auch
drückt die Last der Kronen — sag's keck heraus, Kind. Vielleicht — vielleicht — läßt er sich doch noch erweichen.

Roller. Und Bübberei ist das ganze, wenn er nicht an
der Spitze steht — ohne den Moor sind wir ein Leib ohne
Seele.

Spiegelberg. (unwillig von ihm weg) Stockfisch!

Siebenter Auftritt.

Moor (tritt herein in wilder Bewegung, und läuft heftig im
Zimmer auf und nieder, mit sich selber)

Moor. Menschen! — Menschen! falsche heuchlerische Kro-
kodillbrut! Ihre Augen sind Wasser! Ihre Herzen sind Erz!
Küsse auf den Lippen! Schwerter im Busen! Löwen und
Leoparden füttern ihre Jungen, Raben tischen ihren Kleinen
auf dem Aas, und Er, — Er, Bosheit hab ich dulden gelernt! kann dazu lächeln, wenn mein erboßter Feind mir
mein eigen Herzblut zutrinkt — aber wenn Vaterliebe zur
Megäre wird: o so fange Feuer, männliche Gelassenheit,
verwildre zum Tiger, sanftmüthiges Lamm, und jede Faser
recke sich auf zu Grimm und Verderben.

Roller. Höre, Moor! was denkst du davon? Ein Räu-
berleben ist doch besser, als bei Wasser und Brod im un-
tersten Gewölbe der Thürme?

Moor. Warum ist dieser Geist nicht in einen Tiger gefahren, der sein wüthendes Gebiß in Menschenfleisch haut?
Ist das Vatertreue? Ist das Liebe für Liebe? Ich möchte
ein Bär sein, und die Bären des Nordlands wider dies
mörderische Geschlecht anhetzen — Reue, und keine Gnade!

O, ich möchte das Weltmeer vergiften, daß sie den Tod aus allen Quellen saufen! Vertrauen, unüberwindliche Zuversicht, und kein Erbarmen!

Roller. So höre doch, Moor, was ich dir sage!

Moor. Es ist unglaublich, es ist ein Traum — So eine rührende Bitte, so eine lebendige Schilderung des Elends und der zerfließenden Reue — die wilde Bestie wäre in Mitleid zerschmolzen! Steine hätten Thränen vergossen [und doch — man würde es für ein boshaftes Pasquill auf's Menschengeschlecht halten, wenn ich's aussagen wollte —] o! daß ich durch die ganze Natur das Horn des Aufruhrs blasen könnte, Luft, Erde und Meer wider das Hyänengezücht in's Treffen zu führen!

Grimm. Höre doch, höre! Vor Rasen hörst du ja nicht.

Moor. Weg! weg von mir! Ist dein Name nicht Mensch? Hat dich das Weib nicht geboren? — Aus meinen Augen du mit dem Menschengesicht! — Ich hab' ihn so unaussprechlich geliebt! So liebte kein Sohn; ich hätte tausend Leben für ihn — (schäumend auf die Erde stampfend) Ha! wer mir jetzt ein Schwert in die Hand gäbe, dieser Otterbrut eine brennende Wunde zu versetzen? Wer mir sagte, wo ich das Herz ihres Lebens erzielen, zermalmen, zernichten — Er sei mein Freund, mein Engel, mein Gott — ich will ihn anbeten!

Roller. Eben diese Freunde wollen wir ja sein, [laß dich doch weisen!]

Grimm. Komm mit uns in die böhmischen Wälder; wir wollen eine Räuberbande sammeln, und du —
(Moor stiert ihn an)

Schweizer. Du sollst unser Hauptmann sein! Du mußt unser Hauptmann sein.

Spiegelberg. (wirft sich wild in einen Sessel) Sclaven und Memmen!

Moor. Wer blies dir das Wort ein? Höre, Kerl! (indem er denselben hart ergreift) Das hast du nicht aus deiner Menschenseele hervorgeholt! Wer blies dir das Wort ein? Ja, bei dem tausendarmigen Tod! das wollen wir, das müssen wir! Der Gedanke verdient Vergötterung! — Räuber und Mörder! — so wahr meine Seele lebt! ich bin euer Hauptmann!

Alle. (mit lärmendem Geschrei) Es lebe der Hauptmann!

Spiegelberg. (aufspringend, vor sich) Bis ich ihm hinhelfe!

Moor. Siehe, da fällt's wie der Staar von meinen Augen! Was für ein Thor ich war, daß ich ins Käficht zurück wollte! — Mein Geist dürstet nach Thaten, mein Athem nach Freiheit, — Mörder und Räuber! — Mit diesem Wort war das Gesetz unter meine Füße gerollt. — [Menschen haben Menschheit vor mir verborgen, da ich an Menschheit appellirte; weg denn von mir Sympathie und menschliche Schonung!] — ich habe keinen Vater mehr, ich habe keine Liebe mehr, und Blut und Tod soll mich vergessen lehren, das mir jemals theuer war! — Kommt! kommt! — O ich will mir eine fürchterliche Zerstreuung machen! — Es bleibt dabei, ich bin euer Hauptmann! und Glück zu dem Meister unter euch, der am wildesten sengt, am gräßlichsten mordet, denn ich sage euch, er soll königlich belohnt werden. — Tretet her um mich — ein jeder, und schwöret mir Treue und Gehorsam zu, bis in den Tod.

Alle. (geben ihm die Hände) Bis in den Tod!

(Spiegelberg wüthend auf und nieder.)

Moor. Und nun bei dieser männlichen Rechte, schwör' ich euch hier, treu und standhaft euer Hauptmann zu bleiben bis in den Tod! Den soll dieser Arm gleich zur Leiche machen, der jemals zagt oder zweifelt, oder zurücktritt! Ein gleiches widerfahre mir von jedem unter euch, wenn ich meinen Schwur verletze. Seid ihr's zufrieden?

Alle. (mit aufgeworfenen Hüten) Wir sind's zufrieden!

Spiegelberg. (lacht ergrimmt in die Faust.)

Moor. Nun dann, so laßt uns gehen! Fürchtet euch nicht vor Tod und Gefahr, denn über uns waltet ein unbeugsames Fatum! Jeden ereilet endlich sein Tag, sei es auf dem weichen Kissen von Flaum, oder im rauhen Gewühl des Gefechts, oder auf offenem Galgen und Rad. Eins davon ist unser Schicksal. (sie gehen ab.)

Spiegelberg. (der zurück blieb.) Dein Register hat ein Loch! Du hast Verrätherei weggelassen.

(geht ab. Der Vorhang fällt.)

Zweiter Aufzug.

Erster Auftritt.

Franz von Moor.
(nachdenkend in seinem Zimmer.)

Der Arzt macht mir so lange. — Das Leben eines Alten ist doch eine Ewigkeit. — Müssen denn aber meine hochfliegende Pläne den Schneckengang der Lebenskraft halten? Wer es verstünde, dem Tod einen Weg in das Schloß des Lebens zu bahnen? — Den Körper vom Geist aus zu verderben. — Ha! ein Originalwerk! Wer das zu Stand brächte. — Ein zweiter Kolumbus in das Reich des Todes! — Sinne nach, Moor — das wäre eine Kunst, würdig dich zum Erfinder zu haben..... Wie ich nun werde zu Werke gehen müssen? .... Welche Gattung von Empfindungen wohl die Lebenskraft am grimmigsten anfeinden? — Zorn? — Dieser heißhungrige Wolf überfrißt sich so gern ... Gram? — Dieser Wurm schleicht mir zu langsam ... Furcht? — Die Hoffnung läßt sich nicht umgreifen ... (boshaft fragend) Sind das all' die Henker des Menschen? — Ist das Arsenal des Todes so bald erschöpft? — Hum! hum! (tiefsinnig) Wie? .. Nun? .. Was? — Ha! (auffahrend) Schreck! was kann der Schreck nicht? Was kann Vernunft, Hoffnung, Religion, wider dieses Giganten eiskalte Umarmung? — Und doch?

doch? wenn er auch diesem Sturme stünde? — O! so komm du mir zu Hülfe, Jammer, und du Reue, höllische Furie, nagende Schlange, [die ihren Fraß wiederkäut, und du heulende Selbstverklagung, die du dein eigen Haus verwüstest, und deine eigene Mutter verwundest! —] Und kommt auch ihr mir zu Hülfe, wohlthätige Grazien selbst, sanftlächelnde Vergangenheit, und du mit dem überquellenden Füllhorn blühende Zukunft, haltet ihm in euren Spiegeln die Freuden des Himmels vor, wenn euer fliehender Fuß seinen geizigen Armen entgleitet — So fall' ich, Streich auf Streich, Sturm auf Sturm, dieses zerbrechliche Leben an, bis den Furientrupp zuletzt schließt — die Verzweiflung! Triumph! Triumph! Der Plan ist fertig. —

Zweiter Auftritt.

Franz. Hermann.

Franz. (entschlossen) Wohlan denn! (Hermann tritt auf) Ha! Deus ex machina! Hermann!

Hermann. Zu euren Diensten, gnädiger Junker!

Franz (giebt ihm die Hand) Die du keinem Undankbaren erweisest.

Hermann. Ich habe Proben davon.

Franz. Du sollst mehr haben mit nächstem — mit nächstem, Hermann! — Ich habe dir etwas zu sagen, Hermann.

Hermann. Ich höre mit tausend Ohren.

Franz. Ich kenne dich; du bist ein entschlossener Kerl — Soldatenherz — Haar auf der Zunge! — Mein Vater hat dich sehr beleidigt, Hermann!

Hermann. Der Teufel hole mich, wenn ich's vergesse!

Franz. Das ist der Ton eines Mannes! Rache geziemt einer männlichen Brust. Du gefällst mir, Hermann. Nimm diesen Beutel, Hermann. Er sollte schwerer sein, wenn ich erst Herr wäre.

Hermann. Das ist ja mein ewiger Wunsch, gnädiger Junker! ich danke euch.

Franz. Wirklich, Hermann? Wünschest du wirklich, ich wäre Herr? Aber mein Vater hat das Mark eines Löwen, und ich bin der jüngere Sohn.

Hermann. Ich wollt', ihr wäret der ältere Sohn, und euer Vater hätte das Mark eines schwindsüchtigen Mädchens.

Franz. Ha! wie dich der ältere Sohn dann belohnen wollte! [Wie er dich aus diesem uneblen Staub, der sich so wenig mit deinem Geist und Adel verträgt, an's Licht emporheben wollte! —] Dann solltest du, ganz wie du da bist, mit Gold überzogen werden, und mit vier Pferden durch die Gassen dahin rasseln; wahrhaftig, das solltest du! — Aber ich vergesse, wovon ich dir sagen wollte — Hast du das Fräulein von Edelreich schon vergessen, Hermann?

Hermann. Wetter Element! was erinnert ihr mich an das?

Franz. Mein Bruder hat sie dir weggefischt.

Hermann. Er soll dafür büßen!

Franz. Sie gab dir einen Korb. Ich glaube gar, er warf dich die Treppe hinunter.

Hermann. Ich will ihn dafür in die Hölle stoßen.

Franz. Er sagte: man raune sich untereinander in's Ohr, dein Vater habe dich nie ansehen können, ohne an die Brust zu schlagen und zu seufzen: Gott sei mir Sünder gnädig!

Hermann. (wild) Blitz, Donner und Hagel seid still.

Franz. [Er rieth dir, deinen Adelbrief im Aufstreich zu verkaufen, und deine Strümpfe damit flicken zu lassen.

Hermann. Alle Teufel! ich will ihm die Augen mit den Nägeln auskratzen.]

Franz. Was? du wirst böse? Was kannst du böse auf ihn sein? Was kannst du ihm Böses thun? Was kann so eine Ratze gegen einen Löwen? Dein Zorn versüßt ihm seinen Triumph nur. Du kannst nichts thun, als deine Zähne zusammen schlagen, und deine Wuth an trocknem Brode auslassen.

Hermann. (stampft auf den Boden) Ich will ihn zu Staub zerreiben.

Franz. (klopft ihm auf die Achsel) Pfui, Hermann, du bist ein Kavalier. Du mußt den Schimpf nicht auf dir sitzen laſſen. Du mußt das Fräulein nicht fahren laſſen; [nein, das mußt du um alle Welt nicht thun, Hermann! Hagel und Wetter!] Ich würde das äußerſte verſuchen, wenn ich an deiner Stelle wäre.

Hermann. Ich ruhe nicht, bis ich ihn und ſie unterm Boden habe.

Franz. Nicht ſo ſtürmiſch, Hermann! komm näher — du ſollſt Amalia haben!

Hermann. Das muß ich, troß dem Teufel! das muß ich!

Franz. Du ſollſt ſie haben, ſag ich dir, und das von meiner Hand. [Komm näher, ſag ich] du weißt vielleicht nicht, daß Karl ſo gut als enterbt iſt?

Hermann. (näher kommend) Unbegreiflich, das erſte Wort, das ich höre.

Franz. Sei ruhig und höre weiter! du ſollſt ein andermal mehr davon hören, — ja, ich ſage dir, ſeit elf Monaten ſo gut als enterbt. Aber ſchon bereut der Alte den voreiligen Schritt, den er doch (lachend) will ich hoffen, nicht ſelbſt gethan hat. Auch liegt ihm die Edelreich täglich hart an mit ihren Vorwürfen und Klagen. Ueber kurz oder lang wird er ihn an allen vier Enden der Welt aufſuchen laſſen, und gute Nacht, Hermann, wenn er ihn findet. Du kannſt ihm ganz demüthig die Kutſche halten, wenn er mit ihr in die Kirche zur Trauung fährt.

Hermann. Ich will ihn am Altar erwürgen!

Franz. Der Vater wird ihm bald die Herrſchaft abtreten, und in Ruhe auf ſeinen Schlöſſern leben. Jetzt hat der ſtolze Strudelkopf den Zügel in Händen, jetzt lacht er ſeiner Haſſer und Neider — und ich, der ich dich zu einem wichtigen großen Manne machen wollte, ich ſelbſt, Hermann, werde tief gebückt vor ſeiner Thürſchwelle —

Hermann. (in Hitze) Nein! ſo wahr ich Hermann heiße, das ſollt ihr nicht! [Wenn noch ein Fünkchen Verſtand in dieſem Gehirne glimmt! das ſollt ihr nicht.]

Franz. Wirſt du es hindern? Auch dich, mein lieber

Hermann, wird er seine Geißel fühlen lassen, [wird dir in's Angesicht speien, wenn du ihm auf der Straße begegnest, und wehe dir dann, wenn du die Achseln zuckst, oder das Maul krümmst] — siehe, so steht's mit deiner Anwerbung um's Fräulein, mit deinen Aussichten, mit deinen Entwürfen.

Hermann. (entschlossen) Sagt mir, was ich thun soll?

Franz. Höre denn, Hermann! daß du siehst, wie ich dein Schicksal zu Herzen nehme, als ein redlicher Freund — geh — kleide dich um — mach dich ganz unkenntlich, laß dich beim Alten melden, gieb vor, du kämst geraden Wegs aus Ungarn, hättest mit meinem Bruder dem letzten Treffen beigewohnt — hättest ihn auf der Wahlstatt den Geist aufgeben sehen —

Hermann. Wird man mir glauben?

Franz. Hoho! dafür laß mich sorgen! Nimm dieses Paket. Hier findest du deine Kommission ausführlich, und Dokumente dazu, die den Zweifel selbst gläubig machen sollen. — [Mach jetzt nur, daß du fortkommst, und ungesehen! Spring durch die Hinterthüre in den Hof, von da über die Gartenmauer]. — Die Katastrophe dieser Tragi-Komödie überlaß mir!

Hermann. Und die wird sein: Vivat der neue Herr, Franciskus von Moor.

Franz. (streichelt ihm die Backen) Wie schlau du bist! — Denn siehest du, auf diese Art erreichen wir alle Zwecke zumal und bald. Amalia giebt ihre Hoffnung auf ihn auf. Der Alte mißt sich den Tod seines Sohnes bei, und — er kränkelt — [ein schwankendes Gebäude braucht des Erdbebens nicht, um über'n Haufen zu fallen —] er wird die Nachricht nicht überleben — dann bin ich sein einziger Sohn — Amalia hat ihre Stützen verloren, und ist ein Spiel meines Willens, da kannst du leicht denken — kurz: alles geht nach Wunsch — aber du mußt dein Wort nicht zurück nehmen.

Hermann. Was sagt Ihr? (frohlockend) Eh soll die Kugel in ihren Lauf zurückkehren, und in dem Eingeweid ihres Schützen wüthen — Rechnet auf mich! laßt nur mich, machen — Abieu!

Franz. (der ihm noch nachruft) Was bu thust, das thust bu bir. — [folgt ihm mit den Augen bis ans Ende der Bühne, und bricht dann in ein weinerliches Lachen aus] Ganz Eifer! ganz Wille [Wie bereitwillig der übertölpelte Thor jetzt über die Linien des braven Mannes hinweg voltigirt, ein Gut zu erhaschen, dessen Unmöglichkeit ausfindig zu machen, nichts weiter braucht, als nur nicht wahnwitzig zu sein.] — — [ärgerlich] Nein, es ist unverzeihlich! dieser hier ist selbst ein Schurke, und doch traut er dem ehrlichen Gesicht eines andern. — Sorglos geht er hin, einen redlichen Mann zu betrügen, und wird es in Ewigkeit nicht vergeben, daß man ihn hat betrügen können. — Ist das der gepriesene Unterkönig der Schöpfung? [So vergieb mir mütterliche Natur, daß ich mit dir um sein Ebenbild zankte, und hilf mir auch gütigst noch von dem wenigen Ueberrest.] — Meine Achtung hast du verloren, Mensch, und mit dieser auch das einzige erhebende Bewußtsein, daß sich Jemandes Bosheit an dir versündigen könne. [geht ab.]

Verwandlung.

Dritter Auftritt.

[Des alten Moors Schlafzimmer.]

Der alte Moor. Amalia.

[**Amalia.** Leise — leise — er schlummert; [sie stellt sich vor den Schlafenden] Wie lieb! wie ehrwürdig! — Ehrwürdig, wie man die Heiligen malt — Nein! ich kann dir nicht zürnen! weißlockigtes Haupt! dir kann ich nicht zürnen — Schlummere im Rosenduft — [indem sie Rosen um ihn streut] Im Rosenduft erscheine Karl deinen Träumen — erwache im Rosenduft, ich will hingehen, und unter Rosmarin entschlummern. [sie will sich entfernen]

D. a. Moor. [träumend] Mein Karl! Mein Karl! Mein Karl!

Amalia. [steht still, und kommt langsam zurück] Horch! erhört hat die Bitte sein Engel — [sehr nah zu ihm tretend] Süß zu athmen ist die Luft, mit der sein Name sich mischet — Ich will hier bleiben.

D. a. Moor. [immer im Traum] Bist du da? Bist du's wirklich? — Ach! — Sieh mich nicht an mit dem Jammerblick! — Ich bin elend genug. [bewegt sich unruhig.]

Amalia. (weckt ihn schnell) Steht auf, Oheim, es war ein Traum.

D. a. Moor. [halb wach] Er war nicht da? Drückt ich nicht seine Hände? Zieh ich nicht den Duft seiner Rosen? Garstiger Franz, willst du ihn auch meinen Träumen entreißen?

Amalia. [zurückfahrend] Merkst du's Amalia?

D. a. Moor. [ermuntert sich] Wo bin ich? Du hier, meine Nichte?]

* (Für die Aufführung: Anfang der Verwandlung). *

Amalia. Ihr schlieft einen beneidenswürdigen Schlummer.

D. a. Moor. Mir träumte von meinem Karl. Warum hab ich nicht fortgeträumt? Vielleicht hätt' ich Verzeihung erhalten aus seinem Munde.

Amalia. (mit verschörertem Gesicht) Engel grollen nicht — Er verzeiht euch. (sanft seine Hand drückend) Vater Karls! ich verzeih euch.

[D. a. Moor. Nein, meine Tochter! Die Todtenfarbe deiner Wangen zeugt wider dein Herz.] Armes Mädchen, ich zerstörte die Freuden deiner Jugend. Vergieb mir nicht, nur fluche mir nicht.

Amalia. Die Liebe hat nur einen Fluch gelernt. Diesen, mein Vater! (sie küßt seine Hand mit Zärtlichkeit.)

[D. a. Moor. (der aufgestanden ist) Was find' ich da? Rosen, Mädchen? Rosen streust du dem Mörder deiner Liebe?

Amalia. Rosen dem Vater meines Geliebten. [ihn um den Hals fallend] dem ich sie jetzt nicht streuen kann.]

D. a. Moor. Und gerne gestreuet hättest — Doch meine Liebe hast du's unwissend gethan — Kennst du dieses Gemälde? [indem er den Vorhang von einer Malerei hinwegnimmt.]

Amalia. (die darauf stützt) Karl's!

D. a. Moor. So sah er, als er in's sechzehnte Jahr ging. Jetzt ist es anders. O es wüthet in meinem Innern. Diese Milde ist Menschenhaß, dieses Lächeln Verzweiflung. Nicht wahr, Amalia? Es war an seinem Geburtstage — in der Jasminlaube, als du ihn maltest?

Amalia. O nie vergessen werd' ich diesen Tag! Nie erleben werd' ich ihn wieder! wie er mir gegenüber saß; der rothe Widerstrahl der Abendsonne brannte in seinem Gesicht, seine braunen Locken flogen muthwillig im Winde. Bei jedem Pinselstrich überstürzte das Mädchen die Malerin; der Pinsel fiel, meine zitternden Lippen tranken die Züge durstig hinweg. Die ganze Fülle des Originals wuchs in mein Herz ein — auf dem Tuch lagen die Splitter dieses Bildes, matt und sterbend, wie die Erinnerung an das gestrige Adagio.

D. a. Moor. Fahre fort, fahre fort. Deine Phantasieen verjüngen mich wieder. O meine Tochter! eure Liebe machte mich so glücklich.

Amalia. (verweilt mit dem Aug' auf dem Gemälde) Nein! nein! er ist's nicht! Bei Gott! das ist Karl nicht — Hier, hier (auf Herz und Stirne deutend) So ganz, so anders. Die träge Farbe reicht nicht, den himmlischen Geist nachzuspiegeln; der in seinen feurigen Augen herrschte. Weg damit! dies ist so menschlich! ich war eine Stümperin!]

Vierter Auftritt.

Vorige. Daniel.

Daniel. Es wartet draußen ein Mann auf euch. Er bittet vorgelassen zu werden; er habe euch eine wichtige Zeitung.

D. a. Moor. Mir ist auf der Welt nur etwas wichtig, du weißt's, Amalia — Ist's ein Unglücklicher, der meiner Hülfe bedarf? Er soll nicht mit Seufzen von hinnen gehen.
(Daniel ab)

Amalia. Ist's ein Bettler, er soll eilig heraufkommen.

D. a. Moor. Amalia, Amalia, schone meiner!

Fünfter Auftritt.

Franz. Hermann (verkappt). Daniel. Vorige.

Franz. Hier ist der Mann. Schreckliche Botschaften, sagt er, warten auf euch. Könnt ihr sie hören?

D. a. Moor. Ich kenne nur eine. Tritt her, mein Freund, und schone mein nicht! Reicht ihm einen Becher Wein.

Hermann. (mit veränderter Stimme) Gnädiger Herr! laßt es einen armen Mann nicht entgelten, wenn er wider Willen euer Herz durchbohrt. Ich bin ein Fremdling in diesem Lande, aber euch kenn' ich sehr gut, ihr seid der Vater Karl's von Moor.

D. a. Moor. Woher weißt du das?

Hermann. Ich kannte euren Sohn —

Amalia. (auffahrend) Er lebt? Lebt? Du kennst ihn? Wo ist er? wo, wo? (will hinwegrennen)

D. a. Moor. Du weißt von meinem Sohn?

Hermann. Er studirte auf der hohen Schule zu Leipzig. Von da zog er, ich weiß nicht wie weit, herum. Er durchschwärmte Deutschland in die Runde, und, wie er mir sagte, mit unbedecktem Haupte, barfuß, und erbettelte sein Brod vor den Thüren. Fünf Monate darauf brach der leidige Krieg zwischen Polen und den Türken wieder aus, und da er auf der Welt nichts mehr zu hoffen hatte, zog ihn der Hall von König Matthias von Ungarn siegreicher Trommel nach Pesth. Erlaubt mir, sagte er zum König, daß ich den Tod sterbe auf dem Bette der Helden, ich hab' keinen Vater mehr!

D. a. Moor. Sieh mich nicht an, Amalia!

Hermann. Man gab ihm eine Fahne. Er flog Matthias Siegeszug mit. Wir kamen zusammen unter ein Zelt zu liegen. Er sprach viel von seinem Vater und von bessern vergangenen Tagen — und von vereitelten Hoffnungen — uns standen die Thränen in den Augen.

D. a. Moor. [verhüllt sein Gesicht in das Kissen] Stille, o stille!

Hermann. Acht Tage darauf war ein heißes Treffen — ich darf euch sagen, euer Sohn hat sich gehalten wie ein wackerer Kriegsmann. Er that Wunder vor den Augen der Armee. Fünf Regimenter mußten neben ihm wechseln, er stand. Feuerkugeln fielen rechts und links, euer Sohn stand. Eine Kugel zerschmetterte ihm die rechte Hand, euer Sohn nahm die Fahne in die Linke und stand —

[Amalia. (in Entzückung) Und stand, Vater! und stand—]

Hermann. Ich traf ihn am Abend der Schlacht, niedergesunken unter Kugelgepfeife: mit der Linken hielt er das stürzende Blut, die Rechte hatte er in die Erde gegraben. Bruder! rief er mir entgegen, es lief ein Gemurmel durch die Glieder, der General sei vor einer Stunde gefallen — Er ist gefallen, sagt ich, und du? — Nun, wer ein braver Soldat ist, rief er, und ließ die linke Hand los, der folge seinem General wie ich! bald darauf hauchte er seine große Seele dem Helden zu.

Franz. (wild auf Hermann losgehend) Daß der Tod deine verfluchte Zunge versiegle! Bist du bieher gekommen, unserm Vater den Todesstoß zu geben? — Vater! Amalia! Vater!

Hermann. Es war der letzte Wille meines sterbenden Kameraden. Nimm dies Schwert, röchelte er, du wirst's meinem alten Vater überliefern, das Blut seines Sohnes klebt daran, [er ist gerochen, er mag sich weiden.] Sag ihm, sein Fluch hätte mich gejagt in Kampf und Tod, ich sei gefallen in Verzweiflung! Sein letzter Seufzer war Amalia.

Amalia. (wie aus einem Todtenschlummer aufgejagt) Sein letzter Seufzer, Amalia!

D. alte Moor. (gräßlich schreiend, sich die Haare ausraufend) Mein Fluch gejagt bis in den Tod! Gefallen in Verzweiflung.

Hermann. Hier ist das Schwert, und hier ist auch ein Portrait, das er zu gleicher Zeit aus dem Busen zog! Es gleicht diesem Fräulein auf ein Haar. Dies soll meinem Bruder Franz, sagte er, — ich weiß nicht, was er damit sagen wollte.

Franz. (wie erstaunt) Mir Amalia's Portrait? Mir, Karl, Amalia? Mir?

Amalia. (heftig auf Hermann losgehend) Feiler, bestochener Betrüger! (faßt ihn hart an)

Hermann. Das bin ich nicht, gnädiges Fräulein. Sehet selbst, ob's nicht euer Bild ist — ihr mögt's ihm wohl selbst gegeben haben.

Franz. Bei Gott! Amalia, das deine! Es ist wahrlich das deine!

Amalia. (giebt ihm das Bild zurück) Mein, mein! Himmel und Erbe!

D. a. Moor. (schreiend, sein Gesicht zerfleischend) Wehe, wehe! Mein Fluch ihn gejagt in den Tod! Gefallen in Verzweiflung!

Franz Und er gedachte meiner in der letzten schweren Stunde des Scheidens — meiner! Englische Seele — da schon das schwarze Panier des Todes über ihm rauschte — meiner! —

D. a. Moor. (lallend) Mein Fluch ihn gejagt in den Tod, gefallen mein Sohn in Verzweiflung!

Hermann. (unruhig und bewegt) Den Jammer steh' ich nicht aus. Lebt wohl, alter Herr! (leise zu Franz) Warum habt ihr auch das gemacht, Junker? (geht schnell ab.)

Amalia. (aufspringend ihm nach) Bleib, bleib! Was waren seine letzten Worte?

Hermann. (zurückrufend) Sein letzter Seufzer war Amalia. (ab.)

Amalia. Sein letzter Seufzer war Amalia! — Nein, du bist kein Betrüger! So ist es wahr — wahr — er ist todt! — Todt! — (hin- und hertaumelnd, bis sie umsinkt) Todt, — Karl ist todt —

Franz. Was seh' ich? Was steht da auf dem Schwert? Geschrieben mit Blut — Amalia!

Amalia. Von ihm?

Franz. Seh' ich recht, oder träum' ich? Sieh da mit blutiger Schrift: Franz, verlaß meine Amalia nicht! Sieh

doch, sieh doch! und auf der andern Seite: Amalia! deinen Eid zerbrach der allgewaltige Tod. — Siehst du nun
siehst du nun! Er schrieb's mit erstarrender Hand, schrieb's
mit dem warmen Blut seines Herzens, schrieb's an der
Ewigkeit feierlichem Rande!

Amalia. Heiliger Gott! es ist seine Hand. — Er hat
mich nie geliebt! (schnell ab.)

Franz. (auf den Boden stampfend) Verzweifelt! meine ganze
Kunst erliegt an dem Starrkopf.

D. a. Moor. Wehe, wehe! verlaß mich nicht, meine Tochter! — Franz, Franz! gieb mir meinen Sohn wieder!

Franz. Wer war's, der ihm den Fluch gab? Wer war's,
der seinen Sohn jagte in Kampf und Tod und Verzweiflung? — O! er war ein trefflicher Jüngling — Fluch
über seine Henker!

D. a. Moor. (schlägt mit geballter Faust wider Brust und Stirn)
Fluch! Fluch! Verderben! Fluch über mich selber! [Ich bin
der Vater, der seinen großen Sohn erschlug. Mich liebte
er bis in den Tod! Mich zu rächen rannte er in Kampf
und Tod! Ungeheuer! Ungeheuer! (wüthet wider sich selber.)]

Franz. Er ist dahin, was helfen späte Klagen. (höhnisch
lächelnd) Es ist leichter morden, als lebendig machen.

D. a. Moor. Und du hast mir den Fluch aus dem Herzen geschwatzt, du — du — Meinen Sohn mir wieder!

Franz. Reizt meinen Grimm nicht. Ich verlaß euch im
Tode!

D. a. Moor. Scheusal! Scheusal! schaff' mir meinen
Sohn wieder! (fährt aus dem Sessel, will Franz an der Gurgel
fassen, der ihm entspringt. Ab.)

Sechster Auftritt.

Der alte Moor. [allein]

Tausend Flüche donnern dir nach! du hast mir meinen
Sohn aus den Armen gestohlen. (voll Verzweiflung hin- und
hergeworfen im Sessel) Wehe! Wehe! verzweifeln, aber nicht
sterben! — [Sie fliehen, verlassen mich im Tode — meine

guten Engel fliehen von mir, weichen alle die Heiligen vom eisgrauen Mörder. — Wehe! Wehe! will mir keiner das Haupt halten, will keiner die ringende Seele entbinden? Keine Söhne! keine Töchter! keine Freunde! — Menschen nur, — will keiner — allein — verlassen — Wehe! Wehe! — Verzweifeln aber nicht sterben!] (er sinkt entkräftet auf den Sessel zurück.)

Amalia. (tritt langsam näher, erblickt ihn, mit einem plötzlichen Schrei) Todt! Alles todt! (ab in Verzweiflung.)

Verwandlung.

Siebenter Auftritt.

Die böhmischen Wälder.

[Razmann, (von der einen Seite) Spiegelberg, (mit einem Räubertrupp von der andern.)

Razmann. Willkommen Kriegskamerad! Willkommen in den böhmischen Wäldern! (sie fallen sich um den Hals) Wo schlug dich der Blitz in der Welt herum? Wo führt dich das Wetter her, mein theurer Kollega?

Spiegelberg. Siebendwarm von der Messe zu Leipzig. Das war ein Jux. Frag nur den Schusterle. Er läßt dich herzlich grüßen zur glücklichen Retour — hat sich unterwegs zur großen Bande eures Hauptmanns geschlagen. (indem er sich auf die Erde niederwirft) Und wie habt ihr gelebt die Zeit über? Wie geht die Hauptthierung? — O ich könnte dir Streiche auftischen den langen Tag, daß du's Fressen drüber vergäßest.

Razmann. Das glaub' ich — das glaub' ich. Du hast von dir hören lassen in den Blättern. Aber zum Henker! wo treibst du all' das Geschmeiß zusammen? Hagel und Wetter! Bringst ja Rekruten mit eine ganze Heerde; du trefflicher Werber.

Spiegelberg. Gelt! Und das ist dir eine Pastete zusammen. — Du kannst deinen Hut an die Sonne hängen, Bruder, und ich wette, sie stehlen ihn dir herunter, als ob das Auge der Welt den schwarzen Staar gehabt hätte?

Razmann. (lacht) Du wirst dem Hauptmann und dem Herrn willkommen sein — Er hat auch schon brave Kerls angelockt.

Spiegelberg. (giftig) Geh mir mit deinem Hauptmann — und die meinen dagegen — Pah —

Razmann. Nun ja! Sie mögen hübsche Fingerchen haben — aber ich sage dir, der Ruf unsers Hauptmanns hat auch schon ehrliche Kerls in Versuchung geführt.

Spiegelberg. Desto schlimmer.

Achter Auftritt.

Grimm. (in vollem Lauf) Vorige.

Razmann. Wer da? Was giebt's da? Passagiers im Wald?

Grimm. Hurtig, hurtig! wo sind die andern? Tausendsapperment! ihr steht da, und plaudert! Wißt ihr denn nicht — wißt ihr denn gar nicht? — Und Roller —

Razmann. Was denn, was denn?

Grimm. Roller ist gehangen, noch vier andere mit. —

Razmann. Roller? was? Seit wann? — Woher weißt du's?

Grimm. Schon über drei Wochen sitzt er, und wir erfahren nichts; schon drei Rechtstäge sind über ihn gehalten worden, und wir hören nichts; man hat ihn auf der Tortur examinirt, wo der Hauptmann sei? — der wackere Bursch hat nichts bekannt; gestern ist ihm der Proceß gemacht worden, diesen Morgen ist er dem Teufel mit Extra-Post zugefahren.

Razmann. Vermalmedeit! weiß es der Hauptmann?

Grimm. Erst gestern erfährt er's. Er schäumt, wie ein Eber. Du weißt, er hat immer am meisten gehalten auf Roller, und nun die Tortur erst — Strick und Leiter sind schon an den Thurm gebracht worden, es half nichts; er selbst hat sich schon in Kapuzinerkutte zu ihm geschlichen, und die Person mit ihm wechseln wollen; Roller schlug's hartnäckig ab; jetzt hat er einen Eid geschworen, daß es uns eiskalt über die Leber lief, er wolle ihm eine Todes= fackel anzünden, wie sie noch keinem König geleuchtet hat, die ihnen den Buckel braun und blau brennen soll. Mir ist bang für die Stadt. Er hat schon lang einen Pique auf sie, weil sie so schändlich bigott ist, und du weißt, wenn er sagt: ich will's thun! so ist es so viel, als wenn's un= ser einer gethan hat.

Razmann. Aber ach! der arme Roller! der arme Rol= ler! —

Spiegelberg. Memento mori! Aber das regt mich nicht an. (trillert ein Liedchen)

Geh' ich vorbei am Rabensteine,
So blinz' ich nur das rechte Auge zu,
Und denk', du hängst mir wohl alleine;
Wer ist ein Narr, ich oder du?

Razmann. (aufspringend) Horch, ein Schuß.
(Schießen und Lärmen.)

Spiegelberg. Noch einer!

Razmann. Wieder einer! der Hauptmann!
(hinter der Scene gesungen)

Die Nürnberger henken keinen,
Sie hätten ihn dann vor.   Da capo!

Schweizer. Roller. (hinter der Scene.) Holla hoh! Hollah hoh!

Razmann. Roller! Roller! Holen mich zehn Teufel!

Schweizer. Roller. (hinter der Scene) Razmann! Grimm! Spiegelberg! Razmann!

Razmann. Roller! Schweizer! Blitz, Donner, Hagel und Wetter!]   (fliegen ihnen entgegen)

* Für die Aufführung; Anfang der Verwandlung. *

Neunter Auftritt.

Räuber Moor zu Pferd. Schweizer, Roller, Schufterle, Räubertrupp mit Koth und Staub bedeckt, treten auf.

Räuber Moor. (vom Pferd springend) Freiheit! Freiheit! — — Du bist im Trocknen, Roller! — Führt meinen Rappen ab, und wascht ihn mit Wein. (wirft sich auf die Erde) Das hat gegolten!

[Razmann. (zu Roller) Nun, bei der Feueresse des Pluto's! Bist du vom Rad auferstanden?]

Spiegelberg. Bist du sein Geist? Oder bin ich ein Narr? Oder bist du's wirklich?

Roller. außer Athem) Ich bin's leibhaftig, ganz! Wo glaubst du, daß ich herkomme?

Grimm. Da frag die Hexe! Der Stab war schon über dich gebrochen?

Roller. Das war er freilich, und noch mehr. Ich komme recta vom Galgen her, laß mich nur erst zu Athem kommen. Der Schweizer wird dir's erzählen. Gebt mir ein Glas Branntwein! — Du auch wieder da, Moritz! Ich dachte dich anderswo wieder zu sehen — Gebt mir doch ein Glas Branntwein! Meine Knochen fallen auseinander — [O mein Hauptmann! Wo ist mein Hauptmann?

Razmann. Gleich, gleich! — So sag doch, so schwatz doch! wie bist du davon gekommen? Wie haben wir dich wieder? Der Kopf geht mir um. Vom Galgen her, sagst du?]

Roller. (stürzt ein Glas Branntwein hinunter) Ah, das schmeckt, das brennt ein! Gradesweges vom Galgen her, sag' ich. Ihr steht da, und gafft, und könnt's nicht träumen. — Ich war auch nur drei Schritte von der Sakramentsleiter, auf der ich in den Schooß Abraham's steigen sollte — so nah, so nah — hättest mein Leben um eine Prise Schnupftabak haben können. Dem Hauptmann dank' ich Luft, Freiheit und Leben.

Schweizer. Es war ein Spaß, der sich hören läßt. Wir hatten den Tag vorher durch unsere Spione Wind bekommen, der Roller liege tüchtig im Salz, und wenn der Himmel nicht bei Zeit noch einfallen wollte, so werde er morgen am Tag — das war als heut — den Weg alles Fleisches gehen müssen. — Auf! sagt der Hauptmann; was wagt ein Freund nicht. — Wir retten ihn, oder ret-

ten ihn nicht, so wollen wir ihm doch wenigstens eine To=
besfackel anzünden, wie sie noch keinem König geleuchtet
hat, die ihnen den Buckel braun und blau brennen soll.
Die ganze Bande wird aufgeboten. Wir schicken einen Ex=
pressen an ihn, der's ihm in einem Zettelchen beibrachte,
das er ihm in die Suppe warf.

Roller. Ich verzweifelte an dem Erfolg.

Schweizer. Wir paßten die Zeit ab, bis die Passagen
leer waren. Die ganze Stadt zog dem Spektakel nach;
[Reiter und Fußgänger durcheinander und Wagen; der
Lärm und der Galgenpsalm jobelten weit] Jetzt! sagt der
Hauptmann, brennt an! Die Kerle flogen wie Pfeile, steck=
ten die Stadt an drei und dreißig Ecken zumal in Brand,
warfen feurige Lunten in die Nähe des Pulverthurms, in
Kirchen und Scheunen — [Morbleu! es war keine Viertel=
stunde vergangen, der Nord=Ostwind, der auch seinen Zahn
auf die Stadt haben muß, kam uns trefflich zu statten, und
half die Flamme bis hinauf in die obersten Giebel jagen.]
Wir indeß Gasse auf, Gasse nieder, wie Furien — Feuerjo!
Feuerjo! durch die ganze Stadt — Geheul — Geschrei —
Gepolter — fangen an die Brandglocken zu brummen, knallt
der Pulverthurm in die Luft, als wär' die Erde mitten ent=
zwei geborsten, und der Himmel zerplatzt, und die Hölle
zehntausend Klafter tiefer versunken.

Roller. Und jetzt sah mein Gefolge zurück — da lag
die Stadt wie Gomorrha und Sodom; der ganze Horizont
war Schwefel, Feuer und Rauch; [vierzig Gebirge brüllen
den infernalischen Schwank, in die Runde herum nach: ein
panischer Schreck schmeißt alle zu Boden —] jetzt nutz' ich
den Zeitpunkt, und frisch wie der Wind! — ich war los=
gebunden, so nah' war's dabei — [da meine Begleiter ver=
steinert wie Lot's Weib zurückschauen — Reißaus! zerrissen
die Haufen! — davon. Sechzig Schritte weg werf' ich die Klei=
der ab,] stürze mich in den Fluß, schwimm' unterm Was=
ser fort, bis ich glaubte ihnen aus dem Gesichte zu sein.
Mein Hauptmann schon parat mit Pferden und Kleidern
— so bin ich entkommen. Moor! Moor! möchtest du bald
auch in den Pfeffer gerathen, daß ich dir Gleiches mit Glei=
chem vergelten kann.

Razmann. Ein bestialischer Wunsch, für den man dich hängen sollte. — Aber es war ein Streich zum Zerplatzen.

Roller. Es war Hülfe in der Noth; ihr könnt's nicht schätzen. [Ihr hättet sollen — den Strick um den Hals — mit lebendigem Leibe zu Grabe marschiren wie ich, und die sakermentalischen Anstalten und Schindersceremonien, und mit jedem Schritt, den der scheue Fuß vorwärts wankte, näher und fürchterlich näher die verfluchte Maschine, wo ich einlogirt werden sollte, im Glanz der schrecklichen Morgensonne steigend, und die lauernden Schindersknechte, und die gräßliche Musik — noch raunt sie in meinen Ohren — und das Gekrächz' hungriger Raben, die von meinem halbfaulen Antecessor zu dreißigen aufflogen, und alles das, alles — und obendrein noch der Vorschmack der Seligkeit, die mir blühte!] Nein, bei allen Schätzen des Mammons! ich möchte das nicht zum zweitenmal erleben. Sterben ist etwas mehr, als Harlequins Sprung, und Todesangst ist ärger, als Sterben.

Spiegelberg. Und der hüpfende Pulverthurm — Darum stank auch die Luft so nach Schwefel, Stunden weit, als würde die ganze Garderobe des Molochs unter dem Firmament ausgelüftet. —

Schweizer. Macht sich die Stadt eine Freude daraus, meinen Kameraden wie ein verhetztes Schwein abthun zu sehen, was zum Henker sollen wir uns ein Gewissen daraus machen, unserem Kameraden zu Lieb' die Stadt darauf gehen zu lassen? Weißt du nicht, Schusterle, wie viel es Todte gesetzt hat?

Schusterle. Drei und achtzig sagt man. Der Thurm allein hat ihrer sechzig zu Staub zerschmettert.

Räuber Moor. (sehr ernst) Roller, du bist theuer bezahlt.

Schusterle. Pah! pah! Was heißt aber das? Ja, wenn's Männer gewesen wären — aber da waren's Wickelkinder [die ihre Laken vergolden; eingeschnurrte Mütterchen, die ihnen die Mücken wehrten; ausgedorrte Ofenhocker, die keine Thüre mehr finden konnten. —] Was leichte Beine hatte, war ausgeflogen der Komödia nach, und nur der Bodensatz der Stadt blieb zurück, die Häuser zu hüten.

Räuber Moor. O der armen Gewürme! Greise, sagst du, und Kinder? —

Schufterle. Ja zum Teufel! [Und Kranke, Kindbetterinnen dazu, und hochschwangere Weiber.] Wie ich von ohngefähr so an einer Barracke vorbei gehe, hör' ich drinnen ein Gezeter; ich guck' hinein, und wie ich's beim Lichte besehe, was war's? Ein Kind war's, noch frisch und gesund, das lag auf dem Boden, unterm Tisch, und der Tisch wollte eben angehen — Armes Thierchen! sagt' ich, du erfrierst ja hier, und warf's in die Flamme. —

Räuber Moor. Wirklich, Schufterle? — Und diese Flamme brenne in deinem Busen, bis die Ewigkeit grau wird! — Fort, Ungeheuer! Laß dich nimmer unter meiner Bande sehen! (es entsteht ein Gemurmel) Murrt ihr? Ueberlegt ihr? — Wer überlegt, wenn ich befehle? — Fort mit ihm, sag' ich! — Es sind noch mehr unter euch, die meinem Grimm reif sind. Ich kenne dich, Spiegelberg. Aber ich will nächstens unter euch treten, und fürchterlich Musterung halten. (sie gehen zitternd ab.)

Zehnter Auftritt.

Räuber Moor allein. (heftig auf- und abgehend)

Höre sie nicht, Rächer im Himmel! — Was kann ich dafür? [Was kannst du dafür, wenn deine Pestilenz, deine Theurung, deine Wasserfluthen den Gerechten mit dem Bösewicht auffressen? Wer kann der Flamme befehlen, daß sie nicht auch durch die gesegneten Saaten wüthe, wenn sie das Genist der Hornisse zerstören soll?] — Da steht der Knabe, schamroth und ausgehöhnt vor dem Auge des Himmels, [der sich anmaßte mit Jupiters Keule zu spielen und Pygmäen niederwarf, da er Titanen zerschmettern sollte] — Geh, geh! Du bist der Mann nicht, das Racheschwert Gottes zu regieren, du erlagst bei dem ersten Griffe; hier entsag ich dem frechen Plane, gehe, mich in irgend eine Kluft der Erde zu verkriechen, wo der Tag vor meiner Schande zurück tritt.

(er will fliehen.)

Elfter Auftritt.

Roller. (eilig) Voriger.

Sieh dich vor, Hauptmann! Es spukt! Ganze Haufen böhmischer Reiter schwadroniren im Holze herum — Der höllische Blaustrumpf muß ihnen verträtscht haben.

[Zwölfter Auftritt.

Grimm. Vorige.

Hauptmann, Hauptmann! Sie haben uns die Spur abgelauert — rings ziehen ihrer etliche Tausend einen Cordon um den mittlern Wald.]

Dreizehnter Auftritt.

Spiegelberg. Vorige.

Weh, Weh, Weh! Wir sind gerädert, wir sind geviertheilt! Viele tausend Husaren, Dragoner und Jäger sprengen um die Anhöhe, und halten die Luftlöcher besetzt.

(Räuber Moor geht ab.)

Vierzehnter Auftritt.

Schweizer. Razmann. Schufterle. Räubertrupp. Vorige drei, (von der andern Seite herkommend.)

Schweizer. Haben wir sie aus den Federn geschüttelt? Freu' dich, Roller! Das hab' ich mir lange gewünscht, [mich mit so Kommißbrod=Rittern herum zu hauen.] — Wo ist der Hauptmann? Ist die ganze Bande beisammen? Wir haben doch Pulver genug?

Razmann. Pulver die schwere Menge. Aber unser sind achtzig in allem, und so immer kaum einer gegen ihrer zwanzig.

Schweizer. Desto besser! [Sie setzen ihr Leben an zehn Kreuzer, fechten wir nicht für Hals und Freiheit? —] Wir

wollen über sie her, wie die Sündfluth, und auf ihre Köpfe
herabfeuern wie Wetterleuchten. — Wo, zum Teufel! ist
denn der Hauptmann?

Spiegelberg. Er verläßt uns in dieser Noth. Kön=
nen wir denn nicht mehr entwischen?

Schweizer. Entwischen? So wollt' ich doch, daß du im
Koth ersticktest, feige Seele du! Hast immer ein großes
Maul; aber wenn du zwei Fäuste siehst — Memme, zeige
dich jetzt, oder man soll dich in eine Sauhaut nähen, und
durch Hunde verhetzen lassen.

Razmann. Der Hauptmann, der Hauptmann!

Funfzehnter Auftritt.

Räuber Moor. (langsam für sich) Vorige.

Räuber Moor. Ich habe sie vollends ganz einschließen
lassen, jetzt müssen sie fechten wie Verzweifelte. (laut) Kin=
der! Nun gilt's! wir sind verloren, oder wir müssen fech=
ten wie angeschossene Eber.

Schweizer. Ha, ich will ihnen mit meinen Fangern
den Bauch schlitzen. Führ' uns an, Hauptmann! Wir
folgen dir in den Rachen des Todes.

Räuber Moor. Ladet alle Gewehre! es fehlt doch an
Pulver nicht?

Schweizer. (springt auf) Pulver genug, die Erde gegen
den Mond zu sprengen!

[Razmann. Jeder hat fünf Paar Pistolen geladen, je=
der noch drei Kugelbüchsen dazu.]

Räuber Moor. Gut, gut. Und nun muß ein Theil
auf die Bäume klettern, oder sich im Dickicht verstecken, und
Feuer auf sie geben im Hinterhalt —

Schweizer. Da gehörst du hin, Spiegelberg!

Räuber Moor. Wir andern, wie Furien, fallen ihnen
in die Flanken.

Schweizer. Darunter bin ich, ich!

Räuber Moor. Zugleich muß jeder sein Pfeifchen hö=

ren lassen, im Wald herum jagen, daß unsere Anzahl schrecklicher werde: auch müssen alle Hunde los, und in ihre Glieder gehetzt werden, daß sie sich trennen, zerstreuen, und euch in den Schuß rennen; wir drei, Roller, Schweizer und ich fechten im Gedränge.

Sechszehnter Auftritt.
Ein Kommissarius. Vorige.

Grimm. Seht! da kommt schon ein Hetzhund der Gerechtigkeit angestiegen.

Schweizer. Schmeißt ihn nieder. Laßt ihn nicht zum Wort kommen.

Räuber Moor. Stille doch! ich will hören.

Der Kommissar. Mit eurer Erlaubniß, ihr Herren. Ich bin ein Bevollmächtigter des Gerichts, und draußen achthundert, die jedes Haar auf meinem Kopfe bewachen.

Schweizer. Eine herzzerbrechende Klausel, sich den Magen hier warm zu halten.

R. Moor. Schweig, Kamerad! Sagen Sie kurz, mein Herr! Was haben Sie anzubringen?

Der Kommissar. Mich sendet die hohe Obrigkeit, die über Leben und Tod spricht. Ein Wort an dich — zwei an die Bande.

R. Moor. (an seinen Degen gestemmt) Zum Exempel —

Kommissar. Entsetzlicher Mensch! Picht nicht das Blut des ermordeten Reichsgrafen an deinen verfluchten Fingern? Hast du nicht das Heiligthum des Herrn mit diebischen Händen durchbrochen, und mit einem Schelmengriff die geweihten Gefäße des Nachtmahls entwandt? Wie, hast du nicht Feuerbrände in unsere gottesfürchtige Stadt geworfen? und den Pulverthurm über die Häupter guter Christen herabgestürzt? (mit zusammengeschlagenen Händen) Gräuliche, gräuliche Frevel, die bis zum Himmel hinauf stinken, das jüngste Gericht waffnen, daß es reißend daher bricht! Reif zur Vergeltung, zeitig zur letzten Posaune.

R. Moor. Meisterlich gerathen bis hieher! Aber zur Sache! Was läßt mir der hochlöbliche Magistrat durch Sie kund machen?

Kommissar. Was du nie werth bist zu empfangen — Schau um dich, Mordbrenner! Was nur dein Auge absehen kann, bist du eingeschlossen von unsern Reutern — hier ist kein Raum zum Entrinnen mehr — [So gewiß Kirschen auf diesen Eichen wachsen, und diese Tannen Pfirsiche tragen, so gewiß werdet ihr unversehrt diesen Eichen und diesen Tannen den Rücken kehren.]

R. Moor. Hört ihr's wohl, Schweizer und Roller? — Aber nur weiter!

Kommissar. Höre dann, wie gütig, wie langmüthig das Gericht mit dir Bösewicht verfährt. Wirst du jetzt gleich zum Kreuz kriechen, und um Gnade und Schonung flehen, siehe, so wird dir die Strenge selbst Erbarmen, die Gerechtigkeit eine liebende Mutter sein — sie drückt das Auge bei der Hälfte deiner Verbrechen zu, und läßt es — denk' doch! — und läßt es bei dem Rade bewenden.

Schweizer. Hast du's gehört, Hauptmann? Soll ich hingehen, und diesem abgerichteten Schäferhunde die Gurgel zusammenschnüren, daß ihm der rothe Saft aus allen Schweißlöchern sprudelt? —

Roller. Hauptmann! — Sturm! Wetter und Hölle! — Hauptmann! — [Wie er die Unterlippe zwischen die Zähne klemmt!] Soll ich diesem Kerl das oberst zu unterst unterm Firmament wie einen Kegel aufsetzen?

R. Moor. Weg von ihm! Wag' es keiner ihn anzurühren! — (zum Kommissarius) Sehen Sie, mein Herr! Hier stehen neun und siebzig, deren Hauptmann ich bin, und weiß keiner auf Wink und Kommando zu fliegen, oder nach dem Takt der Kanonen zu tanzen, und draußen stehen achthundert unter Musketen ergraut. — Aber hören sie nun, so redet Moor; der Mordbrenner-Hauptmann: Wahr ist's, ich habe den Reichsgrafen erschlagen, [die Dominicus-Kirche angezündet und geplündert], hab' Feuerbrände in eure bigotte Stadt geworfen, und den Pulverthurm über die Häupter guter Christen herabgestürzt. —

4*

Aber das ist noch nicht alles. Ich habe noch mehr gethan. (er streckt seine rechte Hand aus) Bemerken Sie die vier kostbaren Ringe, die ich an den Fingern trage — Diesen Rubin zog ich einem Minister vom Finger, den ich auf der Jagd zu den Füßen seines Fürsten niederwarf. Er hatte sich aus dem Pöbelstande zu seinem ersten Günstling emporgeschmeichelt; der Fall seines Nachbars war seiner Hoheit Schemel. — Thränen der Waisen huben ihn auf. Diesen Demant zog ich einem Generalkaffirer ab, der Ehrenstellen und Aemter an die Meistbietenden verkaufte, und den trauernden Patrioten von seiner Thüre stieß. — Diesen Achat trag' ich einem Pfaffen zur Ehre, den ich mit eigener Hand erwürgte, als er auf offener Kanzel geweint hatte, -daß die Inquisition so in Verfall käme. — Ich könnte Ihnen noch mehrere Geschichten von meinen Ringen erzählen, wenn mich nicht schon die paar Worte gereueten, die ich mit Ihnen verschwendet habe.

Kommissar. Daß ein Bösewicht noch so stolz sein kann.

R. Moor. Nicht genug — jetzt will ich stolz reden. Geh hin, und sage dem hochlöblichen Gericht, das über Leben und Tod würfelt — Ich bin kein Dieb, der sich mit Schlaf und Mitternacht verschwört, und auf der Leiter groß und herrisch thut — was ich gethan habe, werde ich ohne Zweifel einmal im Schuldbuch des Himmels lesen; aber mit seinen erbärmlichen Verwesern will ich kein Wort mehr verlieren. Sag ihnen, mein Handwerk ist Wiedervergeltung — Rache ist mein Gewerbe.

(er kehrt ihm den Rücken zu.)

Kommissar. Du willst also nicht Schonung und Gnade? — Gut, mit dir bin ich fertig ·wendet sich zu der Bande) So höret d ann ihr, was die Gerechtigkeit euch durch mich zu wissen thut! — Werdet ihr jetzt gleich diesen verurtheilten Missethäter gebunden überliefern, so soll euch die Strafe eurer Greuel bis auf das letzte Andenken erlassen sein — Die heilige Kirche wird euch verlorne Schafe mit erneuerter Liebe in ihren Mutterschooß aufnehmen, und jedem unter euch soll der Weg zu einem Ehrenamt offen stehen. Leset selbst, hier ist der Generalpardon unterschrieben. (er reicht Schwei-

zern ein Papier mit triumphirendem Lächeln) Nun, nun? Wie
schmeckt das, Ew. Majestät? — Frisch also! Bindet ihn
und seid frei!

R. Moor. Hört ihr's auch? Hört ihr? Was stutzt ihr?
Was steht ihr verlegen da? Sie bietet euch Freiheit, und
ihr seid wirklich schon ihre Gefangene. — Sie schenkt euch
das Leben, und das ist keine Prahlerei, denn ihr seid wahrhaftig gerichtet. — [Sie verheißt euch Ehren und Aemter,
und was kann euer Loos anders sein, wenn ihr auch ob-
siegtet, als Schmach und Fluch und Verfolgung. Sie kün-
digt euch Versöhnung vom Himmel an, und ihr seid wirklich verdammt. Es ist kein Haar an einem unter euch, das
nicht in die Hölle fährt!] Ueberlegt ihr noch? Wählt ihr
noch? Ist es so schwer zwischen Himmel und Hölle zu wählen? Helfen Sie doch, mein Herr!

Kommissar. Wie heißt der Teufel, der aus ihm spricht?
Der Kerl macht mich wirbeln.

R. Moor. Wie? noch keine Antwort? Denkt ihr wohl
gar noch mit den Waffen durchzureißen? Schaut doch um
euch, schaut doch um euch! Das werdet ihr doch nicht denken, das wäre jetzt kindische Zuversicht. — Oder schmeichelt
ihr euch wohl gar, als Helden zu fallen, weil ihr saht, daß
ich mich auf's Getümmel freute? — O glaubt das nicht!
Ihr seid nicht Moor. — Ihr seid heillose Diebe! elende
Werkzeuge meiner größern Pläne, wie der Strick verächtlich
in der Hand des Henkers! — Diebe können nicht fallen
wie Helden fallen. — Diebe haben das Recht vor dem
Tode zu zittern. — Höret, wie ihre Hörner tönen! Sehet,
wie drohend ihre Säbel daher blinken! Wie? noch unschlüssig? Seid ihr toll? Seid ihr wahnwitzig? — Ich dank
euch mein Leben nicht, ich schäme mich eures Opfers!
(man hört in der Ferne Trompeten).

Kommissar. (äußerst erstaunt) Ich werde unsinnig, ich
laufe davon! Hat man je von so was gehört?

R. Moor. Oder fürchtet ihr wohl, ich werde mich selbst
erstechen, und durch einen Selbstmord den Vertrag zernichten, der nur an dem Lebendigen haftet? Nein, Kinder! das
ist eine unnütze Furcht. Hier werf' ich meinen Dolch weg,

und meine Pistolen, und dies Fläschchen mit Gift, das mir noch wohl bekommen sollte. – Was, noch unschlüssig? Oder glaubt ihr vielleicht, ich werde mich zur Wehr setzen, wenn ihr mich binden wollt? Seht! hier binde ich meine rechte Hand an diesen Eichenast, ich bin ganz wehrlos, ein Kind kann mich umwerfen — Wer ist der erste, der seinen Hauptmann in der Noth verläßt?

Roller. (in wilder Bewegung) Und wenn die Hölle uns neunfach umzingelte! (schwenkt seinen Dolch) Wer kein Hund ist, rette den Hauptmann!

Schweizer. (zerreißt den Pardon, und wirft die Stücke dem Commissar in's Gesicht) In unsern Kugeln Pardon! Fort Kanaille! Sag dem Senat, der dich gesandt hat, du träffst unter Moors Bande keinen einzigen Verräther an. — Rettet, rettet den Hauptmann!

Alle. (lärmen) Rettet, rettet, rettet den Hauptmann!

R. Moor. (sich losreißend, freudig) Jetzt sind wir frei, Kameraden! Ich fühle eine Armee in meiner Faust. — Tod oder Freiheit! wenigstens sollen sie keinen lebendig haben! (Man bläst zum Angriff. Lärm und Getümmel. Sie gehen ab mit gezogenen Degen.)

Dritter Aufzug.

Erster Auftritt.

(Diese Gartenscene kann bei der Darstellung auch als Schlußverwandlung des 3. Aktes hinter den 4. Auftritt verlegt werden.)

Amalia. (nachdenkend im Garten.) Franz tritt auf. (beide in tiefer Trauer.)

Franz. Schon wieder hier, eigensinnige Schwärmerin?

Du haft dich vom frohen Mahle hinweggeftohlen, und den Gäften die Freude verdorben.

Amalia. Schade für diese unfchuldigen Freuden! Das Todtenlied muß noch in deinen Ohren murmeln, das deinem Vater zu Grabe hallte.

Franz. Willft du denn ewig klagen? Laß die Todten fchlafen, und mache die Lebendigen glücklich! Ich komme —

Amalia. Und wann gehft du wieder?

Franz. O weh! kein fo finfteres ftolzes Geficht! Du betrübft mich, Amalia. Ich komme dir zu fagen —

Amalia. Ich muß wohl hören, Franz von Moor ift ja gnädiger Herr geworden.

Franz. Ja recht, das war's, worüber ich dich vernehmen wollte — Maximilian ift fchlafen gegangen in der Väter Gruft. Ich bin Herr. Aber ich möchte es vollends ganz fein, Amalia. — Du weißt, was du unferm Haufe warft; du warft gehalten wie Moors Tochter, felbft den Tod überlebte feine Liebe zu dir; das wirft du wohl niemals vergeffen?

Amalia. Niemals, niemals. Wer das auch fo leichtfinnig beim frohen Mahle hinweg zechen könnte!

Franz. Die Liebe meines Vaters mußt du in feinen Söhnen belohnen; und Karl ift todt — [ftaunft du? Schwindelt dir? Ja wahrhaftig der Gedanke ift auch fo fchmeichelnd erhaben, daß er felbft den Stolz eines Weibes betäubt.] Franz tritt die Hoffnung der edelften Fräulein mit Füßen; Franz kommt, und bietet einer armen, ohne ihn hülflofen Waife fein Herz, feine Hand, und mit ihr all' fein Gold an, und all' feine Schlöffer und Wälder — Franz, der Beneidete, der Gefürchtete erklärt fich freiwillig für Amalia's Sclaven —

Amalia. Warum fpaltet der Blitz die ruchlofe Zunge nicht, die das Frevelwort ausfpricht! Du haft meinen Geliebten ermordet, und Amalia foll dich Gemahl nennen! Du —

Franz. Nicht fo ungeftüm, allergnädigfte Prinzeffin! — Freilich krümmet Franz fich nicht, wie ein girrender Seladon vor dir. — [Freilich hat er nicht gelernt, gleich dem schmachtenden Schäfer Arkadiens dem Echo der Grotten und Felsen seine Liebesklagen entgegen zu jammern. —] Franz spricht, und wenn man nicht antwortet, so wird er — befehlen.

Amalia. Wurm du, befehlen? Mir befehlen? — Und wenn man den Befehl mit Hohnlachen zurückschickt?

Franz. Das wirst du nicht. Noch weiß ich Mittel, die den Stolz eines einbildischen Starrkopfs so hübsch niederbeugen können. — Kloster und Mauern!

Amalia. Bravo! herrlich! Und in Kloster und Mauern mit deinem Basilisken-Anblick auf ewig verschont, und Muße genug an Karl zu denken, zu hangen. Willkommen mit deinem Kloster! Auf, auf mit deinen Mauern!

Franz. Haha! ist es das? — Gieb Acht! jetzt hast du mich die Kunst gelehrt, wie ich dich quälen soll. — Diese ewige Grille von Karl soll dir mein Anblick gleich einer feuerhaarigen Furie aus dem Kopfe geißeln; das Schreckbild Franz soll hinter dem Bilde deines Lieblings im Hinterhalt lauern, gleich dem verzauberten Hunde, der auf unterirdischen Goldkästen liegt. — An den Haaren will ich dich in die Kapelle schleifen, den Degen in der Hand, dir den ehelichen Schwur aus der Seele pressen.

Amalia. (giebt ihm eine Maulschelle) Nimm erst das zur Aussteuer hin!

Franz. (aufgebracht) Ha! wie das zehnfach und wieder zehnfach geahndet werden soll! — Nicht meine Gemahlin — die Ehre sollst du nicht haben — meine Maitresse sollst du werden, daß die ehrlichen Bauernweiber mit Fingern auf dich deuten, wenn du es wagst, und über die Gasse gehst. Knirsche nur mit den Zähnen — speie Feuer und Mord aus den Augen — mich ergötzt der Grimm eines Weibes; er macht dich nur schöner, begehrenswerther. [Komm — dieses Sträuben wird meinen Triumph zieren, und mir die Wollust in erzwungenen Umarmungen würzen.] Komm mit zum Altar — jetzt gleich sollst du mit mir gehen.

(will sie fortreißen)

Amalia. (fällt ihm um den Hals) Verzeih mir, Franz!

(wie er sie umarmen will, reißt sie ihm den Degen von der Seite, und tritt hastig zurück) Siehst du Bösewicht, was ich jetzt aus dir machen kann? — Ich bin ein Weib, aber ein rasendes Weib — Wag es einmal — dieser Stahl soll deine Brust mitten durchrennen, und der Geist meines Oheims wird mir die Hand dazu führen. Fleuch auf der Stelle!
(sie jagt ihn davon.)

Amalia. Ah! wie mir wohl ist! — Jetzt kann ich frei athmen. [Ich fühle mich stark, wie das feuersprühende Roß, grimmig wie die Tigerin, dem siegbrüllenden Räuber ihrer Jungen nach. —] In ein Kloster, sagt er, Dank dir für diese glückliche Entdeckung — Jetzt hat die betrogene Liebe ihre Freistatt gefunden — das Kloster — ist die Freistatt der betrogenen Liebe. (ab.)

Verwandlung.

Zweiter Auftritt.

Gegend an der Donau.

(Diese Verwandlung kann bei der Darstellung auch an den Anfang des 3. Aktes verlegt werden, alsdann bildet die Gartenscene die Schlußverwandlung des 3. Aktes.)

Die Räuber. (gelagert auf einer Anhöhe unter Bäumen, die Pferde weiden am Hügel hinunter.)

R. Moor. Hier muß ich liegen bleiben. (wirft sich auf die Erde) Meine Glieder, wie abgeschlagen. [Meine Zunge trocken wie eine Scherbe.] Ich wollt' euch bitten, mir eine Hand voll Wasser aus diesem Strome zu holen; aber ihr seid alle matt bis in den Tod. (Schweizer hat sich unter Moors Rede unvermerkt weggeschlichen, um ihm Wasser zu holen.)

[Grimm. Auch ist der Wein alle in unsern Schläuchen. Wie herrlich die Sonne dort untergeht.

R. Moor. (in den Anblick versunken) So stirbt ein Held anbetungswürdig!

Grimm. Du scheinst tief gerührt.

R. Moor. Da ich noch ein Bube war — war's mein

Lieblingsgedanke, wie sie zu leben, zu sterben wie sie. (mit verbissenem Schmerz) Es war ein Bubengedanke!

Grimm. Das will ich hoffen!

R. Moor. (drückt den Hut über's Gesicht) Es war eine Zeit — laßt mich allein, Kameraden!

Grimm. Moor! Moor! Was zum Henker! — Wie er seine Farbe verändert!

Razmann. Alle Teufel! Was hat er? Wird ihm übel?

R. Moor. Es war eine Zeit, wo ich nicht schlafen konnte, wenn ich mein Nachtgebet vergessen hatte.

Grimm. Bist du wahnsinnig? Willst du dich von deinen Bubenjahren hofmeistern lassen.

R. Moor. (legt sein Haupt auf Grimm's Brust) Bruder! Bruder!

Grimm. Wie? Sei doch kein Kind, ich bitte dich —

R. Moor. Wär' ich's — wär' ich's wieder! —

Grimm. Pfui! pfui! heitere dich auf! Sieh die malerische Landschaft — den lieblichen Abend —

R. Moor. Ja, Freund! diese Welt ist so schön —

Grimm. Nun! das war wohl gesprochen.

R. Moor. Diese Erde so herrlich —

Grimm. Recht — recht, so hör' ich's gerne!

R. Moor. Und ich so häßlich, auf dieser schönen Welt! — Und ich ein Ungeheuer auf dieser herrlichen Erde! (zurückgesunken) Der verlorne Sohn!

Grimm. O Weh! O Weh!

R. Moor. Meine Unschuld, meine Unschuld! — Seht, es ist alles hinausgegangen, sich im fröhlichen Strahl des Frühlings zu sonnen. Warum ich allein die Hölle saugen aus den Freuden des Himmels? — Daß alles so glücklich ist! durch den Geist des Friedens alles so verschwistert! — Die ganze Welt eine Familie und ein Vater dort oben — mein Vater nicht! — Ich allein der verstoßene, der verlorne Sohn! — Ich allein ausgemustert aus dem Reiche der Reinen — (wild zurückfahrend) Umlagert von Mördern

— von Nattern umzischt — angeschmiedet an das Laster, mit eisernen Ketten —

Razmann. (zu den übrigen) Unbegreiflich! Ich hab' ihn nie so gesehen.

R. Moor. (mit Wehmuth) Daß ich wiederkehren dürfte in meiner Mutter Leib. Daß ich ein Bettler geboren werden dürfte! Nein! ich wollte nicht mehr, o Himmel! — Daß ich werden dürfte, wie dieser Tagelöhner einer! — O ich wollte mich abmühen, daß mir das Blut von den Schläfen rollte — mir die Wolluft eines einzigen Mittagsschlafes zu erkaufen — die Seligkeit einer einzigen Thräne.

Grimm. (zu den andern) Nur Geduld! der Paroxismus ist schon im Fallen.

R. Moor. Es war eine Zeit, wo sie mir so gerne flossen! O ihr Tage des Friedens! Du Schloß meines Vaters — ihr grünen, schwärmerischen Thäler! O all' ihr Elysiumsscenen meiner Kindheit! — Werdet ihr nimmer zurückkehren? — nimmer mit köstlichem Säuseln meinen brennenden Busen kühlen? — Traure mit mir Natur! Sie werden nimmer zurückkehren; nimmer mit köstlichem Säuseln meinen brennenden Busen kühlen — Dahin! dahin! unwiederbringlich!]

NB. Der bisherige Auftritt von Grimms Worten: „Auch ist der Wein alle" an, kann in folgenden Satz zusammengezogen werden:

R. Moor. Wie herrlich die Sonne dort untergeht. So stirbt ein Held anbetungswürdig! Da ich noch ein Bube war — war's mein Lieblingsgedanke, wie sie zu leben, zu sterben wie sie. — Es war ein Bubengedanke! — Es war eine Zeit, wo ich nicht schlafen konnte, wenn ich mein Nachtgebet vergessen hatte. — Diese Welt ist so schön — diese Erde so herrlich — und ich so häßlich auf dieser schönen Welt! Und ich ein Ungeheuer auf dieser herrlichen Erde! — O daß ich noch einmal geboren werden könnte! — ein Bettler geboren werden dürfte! .... Ich wollte mich abmühen, daß mir das Blut von den Schläfen rollte, mir die Wolluft eines einzigen Mittagsschlafes zu erkaufen — die

Seligkeit einer einzigen Thräne. — O, ihr Tage des Friedens! O, all' ihr Elysiumsscenen meiner Kindheit! Werdet Ihr nimmer zurückkehren? — — Dahin, dahin — unwiederbringlich!

Dritter Auftritt

Die Vorigen. Schweizer. (der mit Waſſer im Hut zurück kommt.)

Schweizer. Trink, Hauptmann — hier ist Wasser genug, und frisch, wie Eis.

Grimm. Du blutest ja — Was hast du gemacht?

Schweizer. Narr, einen Spaß, der mich bald zwei Beine und einen Hals gekostet hätte. Wie ich so auf dem Sandbühel am Fuße hintrollte, glitsch, so rutscht der Plunder unter mir ab, und ich zehn rheinländische Schuh lang hinunter — da lag ich, und wie ich mir eben meine fünf Sinne wieder zurecht setze, treff ich dir das klarste Wasser im Kies. Genug diesmal für den Tanz, dacht ich, dem Hauptmann wird's wohl schmecken.

Moor. (giebt ihm den Hut zurück und wiſcht ihm ſein Geſicht ab) Sonst sieht man ja die Narben nicht, die die böhmischen Reiter in deine Stirn gezeichnet haben — Dein Wasser war gut, Schweizer — Diese Narben stehen dir schön.

Schweizer. Pah! hat noch Platz genug für ihrer dreißig.

Moor. Ja, Kinder — es war ein heißer Nachmittag — und nur einen Freund verloren. — Mein Roller starb einen schönen Tod. Man würde einen Marmor auf seine Gebeine setzen, wenn er nicht mir gestorben wäre. Nehmt vorlieb mit diesem! (er wiſcht ſich die Augen) Wie viel waren doch von den Feinden, die auf dem Platz blieben?

Schweizer. [Sechzig Husaren — drei und neunzig Dragoner, gegen vierzig Jäger — zweihundert in allem.]

Moor. Zweihundert für einen! — Jeder von euch hat Anspruch an diesen Scheitel! (er entblößt das Haupt) Hier heb ich meinen Dolch auf! So wahr meine Seele lebt! Ich will euch niemals verlassen!

Schweizer. Schwöre nicht! Du weißt nicht, ob du nicht noch glücklich werden, und bereuen wirst —

Moor. Bei den Gebeinen meines Rollers! Ich will euch niemals verlassen!

Vierter Auftritt.

Kosinsky kommt. Vorige.

Kosinsky. (für sich) In diesem Revier herum, sagen sie, werd' ich ihn antreffen — He! hollah! Was sind das für Gesichter? — [Sollten's — wie wenn's diese — sie sind's, sind's] — Ich will sie anreden.

Grimm. Gebt Acht, wer kommt da?

Kosinsky. Meine Herren, verzeihen Sie! Ich weiß nicht, gehe ich recht oder unrecht?

Moor. Und wer müssen wir sein, wenn Sie recht gehen?

Kosinsky. Männer!

Schweizer. Ob wir das auch gezeigt haben, Hauptmann?

Kosinsky. Männer such' ich, die dem Tod in's Gesicht sehen, und die Gefahr wie eine zahme Schlange um sich spielen lassen; die Freiheit höher schätzen, als Ehre und Leben, [deren bloßer Name, willkommen den Armen und Unterdrückten, die Beherzteften feig, und Tyrannen bleich macht.]

Schweizer. (zum Hauptmann) Der Bursche gefällt mir. — Höre, guter Freund! Du hast deine Leute gefunden.

Kosinsky. Das denk' ich, und will hoffen, bald meine Brüder. — So könnt ihr mich dann zu meinem rechten Manne weisen, denn ich such' euren Hauptmann, den großen Grafen von Moor.

Schweizer. (giebt ihm die Hand mit Wärme) Lieber Junge, wir dutzen einander.

Moor. (näher kommend) Kennen Sie auch den Hauptmann?

Kosinsky. Du bist's — in dieser Miene — wer sollte ihn ansehen, und einen andern suchen (starrt ihn lang' an)

Ich habe mir immer gewünſcht, den Mann mit dem ver=
nichtenden Blicke zu ſehen, wie er ſaß auf den Ruinen von
Karthago — jetzt wünſch ich es nicht mehr.

Schweizer. Blitzbub!

Moor. Und was führt Sie zu mir?

Koſinsky. O Hauptmann! Mein mehr als grauſames
Schickſal — Ich habe Schiffbruch gelitten auf der ungeſtü=
men See dieſer Welt, die Hoffnungen meines Leben hab'
ich müſſen ſehen in den Grund ſinken, und blieb mir nichts
übrig, als die marternde Erinnerung ihres Verluſtes, die
mich wahnſinnig machen würde, wenn ich ſie nicht durch
anderwärtige Thätigkeit zu erſticken ſuchte.

Moor. Schon wieder ein vom Himmel Verworfener!
— Nur weiter.

Koſinsky. Ich wurde Soldat. Das Unglück verfolgte
mich auch da. — Ich machte eine Fahrt nach Oſtindien
mit; mein Schiff ſcheiterte an Klippen — nichts als fehl=
geſchlagene Plane! Ich höre endlich weit und breit erzäh=
len von deinen Thaten, Mordbrennereien, wie ſie ſie nann=
ten, und bin hieher gereiſt dreißig Meilen weit, mit dem
feſten Entſchluß, unter dir zu dienen, wenn du meine
Dienſte annehmen willſt — Ich bitte dich, würdiger Haupt=
mann! ſchlage mir's nicht ab!

Schweizer. (mit einem Sprung) Heiſa! Heiſa! So iſt ja
unſer Roller zehnhundertfach vergütet! Ein ganzer Mord=
bruder für unſere Bande.

Moor. Wie iſt dein Name?

Koſinsky. Koſinsky.

Moor. Wie? Koſinsky? Weißt du auch, daß du ein
leichtſinniger Knabe biſt, und über den großen Schritt dei=
nes Lebens weggaukelſt, wie ein unbeſonnenes Mädchen.
— Hier wirſt du nicht Bälle werfen, oder Kegel ſchieben,
wie du dir einbildeſt.

Koſinsky. Ich weiß, was du ſagen willſt — Ich bin
vier und zwanzig Jahr alt, aber ich habe Degen blinken
geſehen, und Kugeln um mich ſurren gehört.

Moor. So, junger Herr? — Und haſt du dein Fechten

nur darum gelernt, arme Reisende um einen Reichsthaler niederzustoßen, [oder Weiber hinterrücks todt zu stechen?] Geh, geh! Du bist deiner Amme entlaufen, weil sie dir mit der Ruthe gedroht hat.

Schweizer. Was zum Henker, Hauptmann! Was denkst du? Willst du diesen Herkules fortschicken? [Sieht er nicht grade so drein, als wollt' er den Marschall von Sachsen mit einem Kochlöffel über den Ganges jagen?]

Moor. Weil dir deine Lappereien mißglücken, kommst du, und willst ein Schelm, ein Meuchelmörder werden? — Mord! Knabe, verstehst du das Wort auch? Du magst ruhig schlafen gegangen sein, wenn du Mohnköpfe abgeschlagen hast, aber einen Mord auf der Seele tragen. —

Kosinsky. Jeden Mord, den du mich begehen heißt, will ich verantworten.

Moor. Was? bist du so klug? Willst du dich anmaßen, einen Mann mit Schmeicheleien zu fangen? Woher weißt du, daß ich nicht böse Träume habe, oder auf dem Todtenbette nicht werde blaß werden? Wie viel hast du schon gethan, wobei du an Verantwortung gedacht hast?

Kosinsky. Wahrlich! noch sehr wenig; aber doch diese Reise zu dir, edler Graf!

Moor. [Hat dir dein Hofmeister die Geschichte des Robius in die Hände gespielt. — Man sollte dergleichen unvorsichtige Kanaillen auf die Galeere schmieden — die deine kindische Phantasie erhitzten, und dich mit der tollen Sucht zum großen Mann ansteckten? Kitzelt dich nach Namen und Ehre?] Willst du Unsterblichkeit mit Mordbrennereien erkaufen? Merk' dir's, ehrgeiziger Jüngling! für Mordbrenner grünet kein Lorbeer! Auf Banditensiege ist kein Triumph gesetzt — aber Fluch, Gefahr, Tod, Schande — Siehst du auch das Hochgericht dort auf dem Hügel?

[Spiegelberg. (unwillig auf- und abgehend) Ei, wie dumm! wie abscheulich, wie unverzeihlich dumm! Das ist die Manier nicht! Ich hab's anders gemacht.]

Kosinsky. Was soll der fürchten, der den Tod nicht fürchtet?

Moor. Brav! Unvergleichlich! Du haſt dich wacker in den Schulen gehalten, du haſt deinen Seneca meiſterlich auswendig gelernt. — Aber lieber Freund, mit dergleichen Sentenzen wirſt du die leidende Natur nicht beſchwatzen; damit wirſt du die Pfeile des Schmerzes nimmermehr ſtumpf machen. — Beſinne dich recht, mein Sohn! (er nimmt ſeine Hand) Denk, ich rathe dir als ein Vater — [lern' erſt die Tiefe des Abgrunds erkennen, ehe du hinein ſpringſt! — Wenn du noch in der Welt eine einzige Freude zu erhaſchen weißt — es könnten Augenblicke kommen, wo du — aufwachſt — und dann — möcht' es zu ſpät ſein. Du trittſt hier gleichſam aus dem Kreiſe der Menſchheit — entweder mußt du ein höherer Menſch ſein, oder du biſt ein Teufel. — Noch einmal, mein Sohn!] Wenn dir noch ein Funken von Hoffnung irgend anderswo glimmt, ſo verlaß dieſen ſchrecklichen Bund; man kann ſich täuſchen — glaube mir, man kann das für Stärke des Geiſtes halten, was doch am Ende Verzweiflung iſt. — Glaube mir, mir! und mach' dich eilig hinweg.

Koſinsky. Nein! ich fliehe jetzt nicht mehr. Wenn dich meine Bitten nicht rühren, ſo höre die Geſchichte meines Unglücks. — Du wirſt mir dann ſelbſt den Dolch in die Hände zwingen — du wirſt — Lagert euch hier auf den Boden, und hört mir aufmerkſam zu!

Moor. Ich will ſie hören.

Koſinsky. Wiſſet alſo, ich bin ein böhmiſcher Edelmann, und wurde durch den frühen Tod meines Vaters Herr eines anſehnlichen Ritterguts. Die Gegend war paradieſiſch — denn ſie enthielt einen Engel — ein Mädchen geſchmückt mit allen Reizen der blühenden Jugend, und keuſch wie das Licht des Himmels. Doch, wem ſag ich das? Es ſchallt an euern Ohren vorüber — ihr habt niemals geliebt, ſeid niemals geliebt worden.

Schweizer. Sachte, ſachte! Unſer Hauptmann wird feuerroth.

Moor. Hör auf! ich will's ein andermal hören — morgen, nächſtens, oder — wenn ich Blut geſehen habe.

Koſinsky. Blut, Blut — Höre nur weiter! Blut

sag ich dir, wird deine ganze Seele füllen. Sie war bürgerlicher Geburt, eine Deutsche — aber ihr Anblick schmelzte die Vorurtheile des Adels hinweg. Mit der schüchternsten Bescheidenheit nahm sie den Trauring von meiner Hand, und übermorgen sollte ich meine Amalia vor den Altar führen.

Moor. (steht schnell auf.)

Kosinsky. Mitten im Taumel der auf mich wartenden Seligkeit, unter den Zurüstungen zur Vermählung — werd' ich durch einen Expressen nach Hof citirt. Ich stellte mich. Man zeigte mir Briefe, die ich geschrieben haben sollte, voll verrätherischen Inhalts. Ich erröthete über die Bosheit — man nahm mir den Degen ab, warf mich in's Gefängniß, alle meine Sinnen waren hinweg.

Schweizer. Und unterdessen — nur weiter! Ich rieche den Braten schon.

Kosinsky. Hier lag ich einen Monat lang, und wußte nicht, wie mir geschah. Mir bangte für meine Amalia, die meines Schicksals wegen jede Minute einen Tod würde zu leiden haben. Endlich erschien der erste Minister des Hofs, wünschte mir zur Entdeckung meiner Unschuld Glück; mit zuckersüßen Worten liest er mir den Brief der Freiheit vor, und giebt mir meinen Degen wieder. Jetzt im Triumphe nach meinem Schloß, in die Arme meiner Amalia zu fliegen. — Sie war verschwunden. In der Mitternacht sei sie weggebracht worden, wüßte Niemand, wohin? und seitdem mit keinem Aug' mehr gesehen. Hui! schoß mir's auf, wie der Blitz. Ich fliege nach der Stadt, sondire am Hof — alle Augen wurzelten auf mir, Niemand wollte Bescheid geben — endlich entdeck' ich sie durch ein verborgenes Gitter im Pallast — sie warf mir ein Billetchen zu.

Schweizer. Hab' ich's nicht gesagt?

Kosinsky. Hölle, Tod und Teufel! Da stand's! Man hatte ihr die Wahl gelassen, ob sie mich lieber sterben sehen, oder die Maitresse des Fürsten werden wollte. Im Kampf zwischen Ehre und Liebe entschied sie für das zweite, und (lachend) ich war gerettet.

Schweizer. Was thatst du da?

Kosinsky. Da stand ich, wie von tausend Donnern getroffen! — Blut! war mein erster Gedanke, Blut! mein letzter. Ich renne nach Haus, wähle mir einen breischneidigen Degen, und damit in aller Hast in des Ministers Haus, denn nur er — er nur war der höllische Kuppler gewesen. Man muß mich von der Gasse bemerkt haben, denn wie ich hinauftrete, waren alle Zimmer verschlossen. Ich suche, ich frage: er sei zum Fürsten gefahren, war die Antwort. Ich mache mich geraden Wegs dahin: man wollte nichts von ihm wissen. Ich gehe zurück, sprenge die Thüren ein, find' ihn, wollte eben — aber da sprangen fünf bis sechs Bediente aus dem Hinterhalt, und entwanden mir den Degen.

Schweizer. (stampft auf den Boden) Und er kriegte nichts, und du zogst leer ab?

Kosinsky. Ich ward ergriffen, angeklagt, peinlich processirt, infam — merkt's euch — aus besonderer Gnade, infam aus den Grenzen gejagt, meine Güter fielen als Präsent dem Minister zu, meine Amalia blieb in den Klauen des Tigers, verseufzt und vertrauert ihr Leben, während daß meine Rache fasten, und sich unter das Joch des Despotismus krümmen muß.

Schweizer. (aufstehend seinen Degen wetzend) Das ist Wasser auf unsere Mühle! Hauptmann! Da giebt's was anzuzünden!

Moor. (der bisher in heftigen Bewegungen hin- und hergegangen, springt rasch auf, zu den Räubern) Ich muß sie sehen — auf! rafft zusammen — du bleibst, Kosinsky — packt eilig zusammen!

Die Räuber. Wohin? was?

Moor. Wohin? wer fragt wohin? (heftig zu Schweizern) Verräther, du willst mich zurück halten? Aber bei der Hoffnung des Himmels!

Schweizer. Verräther ich? — Geh' in die Hölle, ich folge dir!

Moor. (fällt ihm um den Hals) Bruderherz! Du folgst mir

— sie weint, sie vertrauert ihr Leben. Auf! hurtig! Alle! nach Franken! in acht Tagen müssen wir dort sein.
(sie gehen ab.)

(Bei der Aufführung kann der erste Auftritt des dritten Aktes als Schlußverwandlung desselben hierher verlegt werden.)

Vierter Aufzug.

Erster Auftritt.
Gallerie im Moor'schen Schloß.
R. Moor. Amalia.*) (verweilen vor einem Gemälde.)

R. Moor. (sehr bewegt) Ein vortrefflicher Mann!
Amalia. Graf Brand scheint viel Antheil an ihm zu nehmen.
R. Moor. (in den Anblick versunken) O ein vortrefflicher Mann — ein göttlicher Mann! Und er sollte dahin sein?
Amalia. Dahin — wie unsere besten Freuden dahin gehen. (sanft seine Hand ergreifend) Graf! es reift keine Seligkeit unter dem Monde.
R. Moor. Sehr wahr — sehr wahr — Und sollten Sie schon diese traurige Erfahrung gemacht haben? — [Noch können sie nicht zwei und zwanzig Jahr alt sein.]
Amalia. Und habe sie gemacht — alles lebt, um traurig wieder zu sterben — wir gewinnen nur darum — wir interessiren uns nur darum, daß wir wieder mit Schmerzen verlieren.
R. Moor. (sieht ihr scharf in's Gesicht) Sie verloren schon etwas?

---
*) Ein Nonnengewand liegt auf dem Tisch.

Amalia. Nichts — Alles — Nichts —

R. Moor. Und wollen es vergessen lernen in diesem heiligen Kleide da —

Amalia. Morgen hoff ich — Wollen wir weiter gehen, Herr Graf?

R. Moor. So eilig? Weß ist das Bild rechter Hand dort? Mir däucht, es ist eine unglückliche Physiognomie.

Amalia. Dies Bild linker Hand ist der Sohn des Grafen, der wirkliche Herr.

R. Moor. Der einzige Sohn?

Amalia. Kommen Sie — Kommen Sie!

R. Moor. Aber dies Bild rechter Hand?

Amalia. Sie wollen nicht in den Garten gehn?

R. Moor. Aber dies Bild rechter Hand? — Du weinst, Amalia?

Amalia. (entfernt sich schnell)

Zweiter Auftritt.

R. Moor. (allein)

Sie liebt mich! Sie liebt mich! Verrätherisch rollten die Thränen von ihren Wangen! [Sie liebt mich? — Ist das der Sopha, wo ich an ihrem Halse in Wonne schwamm?] Sind das die väterlichen Säle? — [Die goldenen Musenjahre der Knabenzeit leben wieder auf in der Seele des Elenden!] — Hier solltest du wandeln, dereinst ein großer — stattlicher — gepriesener Mann [hier dein Bubenleben in Amalia's aufblühenden Kindern zum zweitenmal leben — hier der Abgott deines Volkes] — Nein! Ich geh' in mein Elend zurück. — Lebe wohl, theures Vaterhaus! Einst sahst du den Knaben Karl — und der Knabe Karl war ein glücklicher Knabe — Jetzt sahst du den Mann — und er war in Verzweiflung. (er kehrt schnell nach dem äußersten Ende der Bühne, wo er plötzlich stille steht, mit Wehmuth) Sie nimmer sehen? — kein Lebewohl mehr — keinen Kuß auf ihre süßen Lippen? Nein! Sehen muß ich sie noch — umarmen

muß ich ſie — Es ſoll mich zermalmen! — Den Gifttrunk dieſer Wolluſt muß ich noch in mich ſchlürfen, und dann fort — ſo weit mich ein Segel führt, und — Verzweiflung. (er geht ab.)
(In der Aufführung kann der 4. Akt hier angefangen werden.)

Dritter Auftritt.

Franz von Moor. (in tiefen Gedanken.)

Weg mit dieſem Bild! — Weg! Feige Memme! Was zagſt du? und vor wem? Iſt mir's nicht die wenigen Stunden, die dieſer Graf in meinen Mauern zubringt, als ſchlich immer ein Spion der Hölle meinen Ferſen nach? — Ich ſollte ihn kennen! Es iſt ſo etwas großes — oftgeſehenes in ſeinem wilden ſonnenverbrannten Geſicht, das mich beben macht. (auf und nieder, endlich zieht er die Glocke) Holla! Franz! Sieh dich vor! dahinter ſteckt irgend ein verderbenträchtiges Ungeheuer!

(Statt des dritten Auftritts kann folgender Satz eingeſchaltet werden:)

((Weg mit dieſem Bild! — Iſt's mir nicht die wenigen Minuten, die der Graf in dieſen Mauern weilt, als ſchlich immer ein Spion der Hölle meinen Ferſen nach? — Ich ſollte ihn kennen, es iſt ſo etwas Großes — Oftgeſehenes in ſeinem wilden, ſonnenverbrannten Antlitz — das mich beben macht, — auch Amalia iſt nicht gleichgültig gegen ihn — Holla Franz, ſieh dich vor, dahinter ſteckt irgend ein verderbenſchwangeres Ungeheuer — ſein langer Gänſehals, ſeine ſchwarzen, feuerwerfenden Augen! — Schadenfrohe Hölle! jagſt du mir dieſe Ahnung ein! Es iſt Karl! Jetzt werden alle Züge wieder in mir lebendig! — Er iſt's trotz ſeiner Larve! Er iſt's! — Tod und Verdammniß! He, Daniel! Daniel! Was giebt's?! Den haben ſie auch ſchon aufgewiegelt gegen mich, er ſieht ſo geheimnißvoll!))

Vierter Auftritt.

Daniel (kommt). Voriger.

Daniel. Was ſteht zu Befehl, mein Gebieter?

Franz. [nachdem er ihn lange bedeutend betrachtet] Nichts! Fort! Fülle einen Becher Wein — aber hurtig. —
[Daniel ab.]

Fünfter Auftritt.

Franz.

Was gilt's? dieser beichtet, wenn ich ihn auf die Folter spanne. In's Auge will ich ihn fassen, so starr, daß sein getroffenes Gewissen mitten durch die Larve erblassen soll. [er steht forschend dem Portrait Karls gegenüber] Sein langer Gänsehals — sein schwarzes, überwachsenes, buschigtes Augenbraun — seine feuerwerfenden Augen! [plötzlich zusammenfahrend] Schadenfrohe Hölle! Jagst du mir diese Ahndung ein? Es ist Karl!

(Der fünfte Auftritt kann folgendermaßen gesprochen werden:)

((Wart', Alter, dich will ich fangen! In's Auge will ich dich fassen, so starr, daß dein getroffenes Gewissen unter der Larve erblassen soll! — Er soll sterben! Der ist nur ein Stümper, der sein Werk nur auf die Hälfte bringt und dann weggeht und müssig zugafft, wie's weiter damit werden wird.))

Sechster Auftritt.

Franz. Daniel. [mit Wein].

Franz. Stell' ihn hierher — Sieh mir fest in's Auge! Wie deine Kniee schlottern! — wie du zitterst! Gesteh' Alter! was hast du gethan?

Daniel. Nichts, so wahr Gott lebt und meine arme Seele.

Franz. Trink' diesen Wein aus! Was? Du zauderst? Heraus! Schnell! Was hast du in den Wein geworfen?

Daniel. Hilf Gott! Was? Ich? in den Wein?

Franz. Gift hast du in den Wein geworfen. Bist du nicht bleich wie Schnee? Gesteh! Gesteh! Wer hat dir's

gegeben? Nicht wahr, der Graf — der Graf hat bir's ge=
geben?

Daniel. Der Graf? Jesus Maria! Der Graf hat mir
nichts gegeben.

Franz. [greift ihn hart an] Ich will dich würgen, daß du
blau wirst, eisgrauer Lügner du! Nichts? — Und was
stecket ihr denn so beisammen? Er und Du und Amalia?
und was flüstertet ihr immer zusammen? [läßt sie nicht so
freche Blicke auf dem Buben herumlaufen! mit denen sie
doch gegen alle Welt so sittsam thut? Sah ich's nicht, wie
sie ein paar diebische Thränen in den Wein fallen ließ,
den er hinter meinem Rücken so hastig in sich stürzte, als
wenn er das Glas mit hinein stürzen wollte. Ja! das
sah ich — durch den Spiegel sah ich's mit diesen meinen
Augen.]

Daniel. Das weiß der allwissende Gott, wenn ich von
all' dem eine Silbe verstehe.

Franz. [Willst du es läugnen? Willst du mich in's An=
gesicht Lügen strafen?] Was für Kabalen habt ihr angezet=
telt, mich aus dem Wege zu räumen? Nicht wahr, mich
im Schlaf zu erdrosseln? Mir beim Bartscheeren die Gur=
gel abzuschneiden? Mich im Wein oder in Chocolade zu
vergiften — heraus damit! oder mir in der Suppe den
ewigen Schlaf zu geben? Heraus! geschwind, ich weiß alles.

Daniel. So helfe mir Gott, wenn ich in Noth bin,
wie ich euch jetzt nichts anders sage, als die reine lautere
Wahrheit.

Franz. Diesmal will ich dir verzeihen. Aber gelt! Er
steckte dir gewiß Geld in deinen Beutel? Er drückte dir die
Hand stärker, als der Brauch ist? So ungefähr, wie man
sie seinen alten Bekannten zu drücken pflegt?

Daniel. Niemals, mein Gebieter!

Franz. Er sagte dir zum Exempel: daß er dich etwa
schon kenne — daß du ihn fast kennen solltest — daß dir
einmal die Decke von den Augen fallen würde — daß —
Was? davon soll er dir niemals gesagt haben?

Daniel. Nicht das mindeste.

Franz. Daß er sich rächen wolle — auf's grimmigste rächen wolle?

Daniel. Nicht ein Laut davon.

Franz. Was? Gar nichts? Besinne dich recht — daß er den alten Herrn sehr genau — besonders genau gekannt — daß er ihn liebe — ungemein liebe, wie ein Sohn liebe.

Daniel. Etwas dergleichen erinnere ich mich von ihm gehört zu haben.

Franz. [erschrocken] Hat er? Hat er wirklich? Er sagte, er sei mein Bruder?

Daniel. Nein! das sagte er nicht. Aber wie ihn das Fräulein in der Gallerie herum führte — ich horchte an der Thüre — stand er beim Portrait des seligen Herrn plötzlich still, wie vom Donner gerührt. — Das Fräulein deutete darauf hin, und sagte: „ein vortrefflicher Mann! Ja, ein vortrefflicher Mann" gab er zur Antwort, indem er sich die Augen wischte.

Franz. Genug. Geh! Lauf! Spring! Hole mir Hermann. [Daniel ab.]

Siebenter Auftritt.

Franz. (allein.)

Es ist am Tag. Es ist Karl! — Er wird auftreten und fragen: wo ist mein Erbe? — Hab' ich darum meine Nächte verpraßt, darum Felsen hinweggeräumt, und Abgründe eben gemacht? Bin ich darum gegen alle Instinkte der Menschen rebellisch worden, daß mir zuletzt dieser unstete Landstreicher durch meinen künstlichen Wirbel tölple? Sachte! nur sachte! Es ist nur noch Spielarbeit übrig — [so eine Art von Mord — der ist ein Stümper, der sein Werk nur auf die Hälfte bringt, und dann weggeht, und müssig zugafft, wie es weiter damit werden wird.]

NB. Der siebente Auftritt kann von den Worten an: So eine Art von Mord ꝛc. folgendermaßen abgeändert werden:

Bin ich doch ohnehin bis an die Ohren in Todsünden gewatet, daß es Unsinn wäre, zurück zu schwimmen, da das Ufer schon so weit hinten liegt; an's Umkehren ist doch nicht mehr zu denken — die Gnade selbst würde an den Bettelstab gebracht und die unendliche Erbarmung bankrott werden, wenn sie für meine Schulden all' gut sagen wollte. Also vorwärts wie ein Mann!

Achter Auftritt.

Hermann. Franz.

Franz. Ha! willkommen mein Euryalus! meiner Künste rüstiges Werkzeug!

Hermann. [kurz und störrig] Ihr ließet mich holen, Graf!

Franz. Daß du das Siegel drückest auf dein Meisterstück —

Hermann. [In den Bart] Wirklich?

Franz. Den letzten Pinselstrich an's Gemälde.

Hermann. Potz!

Franz. [stutzt] Soll ich etwa den Wagen vorfahren lassen? Wollen wir's auf der Spazierfahrt in's Reine bringen?

Hermann. [trotzig] Ohne Umstände, wenn's euch gefällig ist. — Zu dem, was wir heute miteinander in's Reine bringen werden, mag wohl dieser Quadratschuh Raumes hinreichen. — Allenfalls könnt' ich ein paar Worte vorausschicken, eurer Lunge für die Zukunft zu schonen.

Franz. [zurückgezogen] Hm! — und was wär' dieses?

Hermann. [hämisch] „Du sollst Amalia haben — haben von meiner Hand —

Franz. [erstaunt] Hermann!

Hermann. [wie oben, immer den Rücken gegen Franz gekehrt] Amalia ist ein Spiel meines Willens — da kannst du leicht denken — kurz! alles geht nach Wunsch — [bricht in ein wüthendes Lachen aus — darauf trotzig zu Franz] Was habt ihr mir zu sagen, Graf Moor?

Franz. (ausweichend) Nichts Dir — ich schickte nach Hermann.

Hermann. Ohne Seitensprung — Warum warb ich hieher gesprengt? — Warum der Narr zu sein, wie vorhem, und dem Diebe beim Einbrechen die Leiter zu halten? Mich zu eurem Bärenhäuter zu verdingen um einen Schilling? Oder war es nicht so?

Franz. (besonnen) Ja recht! aber daß wir die Hauptsache nicht verplaudern — [Mein Kammerdiener wird dir schon gesteckt haben] — Ich wollte dich nur über die Aussteuer hören.

Hermann. Ich glaube, ihr foppt mich — oder schlimmer — schlimmer, sage ich, wenn's nicht gefoppt ist. Moor! nehmt euch in Acht — macht mich nicht rasend, Moor. Wir sind allein; hab' ich doch ohnehin noch einen ehrlichen Namen mit euch wett zu spielen. Trauet dem Teufel nicht, den ihr selbst warbet.

Franz. (mit Ehre) Gilt diese Begegnung deinem gnädigen gebietenden Herrn? — Zittre, Sklave!

Hermann. (mit Spott) Doch wohl nicht gar vor Eurer Ungnade? — [Eure Ungnade dem, der mit sich selbst grollt!] Pfui Moor! Schon verabscheu' ich den Schurken in euch, macht nicht, daß ich auch noch den Gecken belache. Ich kann Gräber sprengen, und Todte auferstehen heißen — Wer ist nun Sclave?

Franz. (sehr geschmeidig) Freund! sei vernünftig und nicht treulos.

Hermann. Schweigt. Hier ist Fluch die beste Vernunft, und Aberwitz hieß hier die Treue! [Treue! wem? Treue dem ewigen Lügner? — O meine Zähne werden klappern um diese Treue, wenn eine kleine Dosis von Untreue damals mich zum Heiligen gemacht hätte — Doch Geduld! Geduld!] Die Rache ist pfiffig.

Franz. Ah gut! recht gut! daß ich mich erinnere. Du hast neulich einen Beutel mit hundert Louis in diesem Zimmer verloren. Fast wäre das vergessen worden. Nimm zurück, Kamerad, was dein ist. (bringt ihm einen Beutel auf.)

Hermann. (wirft ihm diesen verächtlich vor die Füße) Den Fluch über die Ischariots-Münze! Es ist das Handgeld der Hölle! — Schon einmal dachtet ihr, meine Armuth zur Kupplerin meines Herzens zu machen — aber gefehlt, Graf! unendlich gefehlt — Jener Beutel voll Gold kommt mir trefflich zu statten — gewisse Leute zu verköſten.

Franz. (erſchrocken) Hermann! Hermann! laß mich gewiſſe Dinge nicht träumen von dir — wenn du mehr thäteſt, als du ſollteſt — Du wärſt entſetzlich, Hermann!

Hermann. (frohlockend) Wär' ich? Wär' ich wirklich? Nun dann, zur Nachricht, Graf! (bedeutend) Ich mäſte eure Schande, und füttere euer Gericht. Einſt will ich's auch auftiſchen zum Schmaus, und die Völker der Erde zur Tafel laden. (höhniſch) Ihr verſteht mich doch, mein ſouverainer, gnädiger, gebietender Herr?

Franz. [springt auf außer Faſſung] Ha! Teufel, falſcher Spieler! [die Fauſt wider die Stirn] [Und mein Glück zu knüpfen an die Launen eines Schwindelkopfs! — das war dumm!] (wirft ſich ſprachlos in einen Seſſel]

Hermann. (pfeift durch die Finger) Fy! des verſchmitzten Künſtlers! —

[**Franz.** (beißend) So iſt es doch wahr, und abermal wahr! Kein Faden iſt ſo fein geſponnen unter der Sonne, der ſo ſchnell riſſe, als die Bande des Bubenſtücks! — —

Hermann. Sachte! ſachte! Sind denn die Engel aus der Art geſchlagen, daß die Teufel anfangen zu moraliſiren?]

Franz. (ſteht ſchnell auf, zu Hermann mit hämiſchen Lächeln) Und bei dieſer Entdeckung werden gewiſſe Leute wohl auch viel Ehre aufheben?

Hermann. (klatſcht in die Hände) Meiſterlich! Unvergleichlich! [Ihr ſpielt eure Rolle zum Küſſen! Erſt den leichtgläubigen Thoren in den Sumpf gezogen, und darauf fein das hämiſche Weh über ihr, Sünder! — (mit Lächeln und Zähneknirſchen) O wie fein die Beelzebubs raffiniren! —] Doch, Graf! (indem er ihm auf die Achſel klopft) Ausgelernt haben wir noch nicht — bei Gott! du mußt erſt hören, was der Verlierer wagt. — Feuer in's Pulvermagazin, sagt der Kaper, und hinauf in die Luft — Freund und Feind!

Franz. (geht schnell nach der Wand und greift nach einer Pistole) Hier ist Verrätherei, Entschlossenheit —

Hermann. (zieht eben so schnell ein Terzerol aus der Tasche und schlägt an) Gebt euch keine Müh'. Auf den Fall versieht man sich bei euch.

Franz. (läßt die Pistole fallen, und wirft sich sinnlos in den Sessel) Doch nur so lang reinen Mund, bis ich — mich näher bedacht habe!

Hermann. Bis ihr ein Dutzend Meuter gedungen, mir die Zunge zu lähmen auf lange? Nicht wahr? Aber (ihm in's Ohr) Das Geheimniß liegt im Papiere, und meine Erben brechen es auf. (er geht ab)

Neunter Auftritt.

Franz. (aufgestanden)

Franz! Franz! was war das? Wo blieb dein Muth, dein sonst so fertiger Witz? — Weh! Weh! auch meine Kreaturen verrathen mich. Die Pfeiler meines Glücks fangen an mürbe zu werden, und herein bricht wüthend der Feind! Wohl! es gilt einen raschen Entschluß! — Wie? wenn ich selbst hingienge — ihm den Degen in den Leib bohrte hinterrücks? ... Ein verwundeter Mann ist ein Knabe. — Frisch! Ich will's wagen (er geht starken Schritts nach dem Ende der Bühne, bleibt aber plötzlich in schreckhafter Erblassung stehen) Wer schleicht hinter mir? (die Augen gräßlich rollend) Gesichter, wie ich noch keine sah — schneidende Triller — Muth hab' ich gewiß, — Muth, wie einer — Wenn mich ein Spiegel verriethe? Oder mein Schatten? Oder der Wind meiner mörderischen Bewegung — Huh! Huh! — Schrecken griesselt in meinen Locken — Durch meine Knochen Zermalmung. (er läßt den Dolch aus dem Kleide fallen) Feig bin ich nicht — allzu weichherzig bin ich — Ja! so ist es! — Es sind die Zuckungen der sterbenden Tugend — Ich bewundere sie — Ein Ungeheuer müßt' ich sein, wollt' ich die Hand legen an meinen leiblichen Bruder — Nein! nein! nein! das sei ferne! — Diese Reliquien der Menschheit in mir will ich in Ehren halten — Ich will nicht tödten — Du hast gesiegt, Natur — auch ich fühle noch etwas das der Liebe gleicht — Er lebe! (ab.)

Verwandlung.

Bei der Aufführung bis zum 13. Auftritt gestrichen.

Zehnter Auftritt.

Ein Garten.

(vorn eine Laube, zu der verschiedene Bogengänge führen.)

Amalia. (allein.)

Du weinst, Amalia? — — Und das sprach er mit einem Ausdruck — einem Ausdruck — Mir war's als ob die Zeit sich verjüngt — die goldnen Frühlinge der Liebe blüheten auf in den Worten — die Nachtigall schlug wie damals, die Blumen dufteten wie damals, und ich lag wonnetrunken an seinem Halse — Gewiß! wenn die Geister der Abgeschiedenen unter den Lebenden wandeln, so ist dieser Fremdling Karls Engel! — Siehst du, falsches treuloses Herz, wie schlau du deinen Meineid beschönigst? — Nein! nein! Weg aus meiner Seele, du Frevelbild! Hinweg ihr verrätherischen gottlosen Wünsche! — Im Herzen, wo Karl begraben liegt, soll kein Erbensohn nisten. Doch! doch! Warum meine Gedanken so ewig, so allmächtig nach diesem Unbekannten? Verwachsen in das Bild meines Einzigen? Zerschmolzen — untergegangen in das Bild meines Einzigen? Du weinst, Amalia? — — Ha! flieh! flieh! Morgen bin ich eine Heilige! (sie steht auf) Heilige? Armes Herz! welch' ein Wort war das? Einst in mein Ohr flötend so süß — Jetzt! jetzt! Du hast geheuchelt, mein Herz, überredest mich: Ueberwindung wär's! Lügnerisches Herz! Es war Verzweiflung.

(sie setzt sich auf das Kanapee, und verhüllt das Gesicht.)

Elfter Auftritt.

Hermann. (kommt durch einen Bogengang.)

Hermann. (vor sich) Der Anfang ist gemacht — Nun

mag der Sturm weiter wüthen, und sollt' er mir auch bis
an die Gurgel schwellen. (laut) Fräulein Amalia! Fräulein Amalia!

Amalia. (schrickt zusammen) Ein Auflauscher! was suchst
du hier?

Hermann. Bringe Zeitungen, spaßhaft, lustig und
fürchterlich. Seid ihr aufgelegt Beleidigungen zu vergeben,
so sollt ihr Wunderdinge hören.

Amalia. Für Beleidigungen hab' ich kein Gedächtniß!
mit Neuigkeiten verschone!

Hermann. Beweint ihr nicht einen Geliebten?

Amalia. (mißt ihn mit einem großen Blick) Kind des Unglücks? Was berechtigt dich zu der Frage?

Hermann. (düster vor sich nieder) Haß und Liebe.

Amalia. (bitter) Liebt denn unter diesem Himmelsstrich
Jemand?

Hermann. (wild umschauend) Bis zum Schelmenstück!
— — — Starb euch nicht kürzlich ein Oheim?

Amalia. (zärtlich) Ein Vater seiner Tochter!

Hermann. Sie leben. (er stürzt hinaus.)

Zwölfter Auftritt

Räuber Moor. (durch den Bogengang.)

Amalia. (die wie versteinert gestanden, fährt halb rasend auf)
Karl lebt! (sie will ihm nachstürzen, und stürzt — auf den Räuber)

R. Moor. Wohin so stürmisch, mein Fräulein?

Amalia. (prallt bebend zurück) Krach unter mir, Erde! —
Dieser!

R. Moor. Ich kam, um Abschied zu nehmen. Doch!
— Himmel! Auf welcher Wallung muß ich Ihnen begegnen?

Amalia. Gehen Sie. Graf — Bleiben Sie — O mir
Glücklichen, wären Sie nur jetzt nicht gekommen! — Wären Sie nie gekommen!

R. Moor. Glücklich wären Sie dann gewesen? — Leben Sie wohl! (dreht sich plötzlich um zu gehen.)

Amalia. (hält ihn auf) Um Gotteswillen! Bleiben Sie. — Das war nicht meine Meinung. (die Hände ringend) Gott! und warum war sie das nicht? — Graf! was that Ihnen das Mädchen, das Sie zur Verbrecherin machen? Was that Ihnen die Liebe, die Sie zerstören?

R. Moor. Sie morden mich, Fräulein!

Amalia. Mein Herz war so rein, eh' meine Augen Sie sahen. O daß sie verblendeten, diese Augen, die mein Herz verunreinet haben!

R. Moor. Mir — mir diesen Fluch, mein Engel! Ihre Augen sind unschuldig, wie Ihr Herz —

Amalia. Ganz seine Blicke! — Graf! ich bitte Sie — kehren Sie diese Blicke von mir, die mein Innerstes empören. Ihn — ihn selbst heuchelt sie mir in diesen Blicken vor, Phantasie die Verrätherin. — Gehen Sie, kommen Sie in Krokodillgestalt wieder, und mir ist besser.

R. Moor. (mit dem vollen Blick der Liebe) Du lügst, Mädchen!

Amalia. (zärtlicher) Und solltest du falsch sein, Graf? Solltest du kurzweilen mit meinem schwachen weiblichen Herzen? — Doch! wie kann Falschheit in einem Auge wohnen, das seinen Augen aus dem Spiegel gleicht — Ach! und erwünscht, wenn es so wäre! Glücklich! wenn ich dich hassen müßte! — Weh mir! wenn ich dich nicht lieben könnte.

R. Moor. (preßt ihre Hand wüthend an den Mund.)

Amalia. Deine Küsse brennen wie Feuer.

R. Moor. Meine Seele brennt in ihnen.

Amalia. Geh — noch ist es Zeit! — Noch! Stark ist die Seele des Mannes — Leuchte mir vor mit deinem Muthe, Mann mit der starken Seele.

R. Moor. Dein Zittern entnervt den Starken. Ich wurzle hier. (sein Gesicht an ihren Busen verbergend) Und hier will ich sterben.

Amalia. (sehr zerstört) Weg — Laß mich — was hast du gemacht, Mann? — Weg mit deinen Lippen — (sie kämpft ohnmächtig gegen seine Bestürmung) Gottloses Feuer schleicht in meinen Adern — (zärtlich und unter Thränen) Und mußtest du kommen aus fernen Landen eine Liebe zu stürzen, die dem Tode trotzte? (sie drückt ihn fester an die Brust) Gott vergebe dir's, Jüngling!

R. Moor. (an ihrem Hals gefesselt) Wenn dies die Trennung der Seele vom Körper ist, so ist Sterben das Meisterstück des Lebens.

Amalia. (mit Wehmuth und schwärmend) Hier, wo du jetzt stehst, stand er tausendmal, und neben ihm die, die neben ihm Himmel und Erde vergaß. — Hier durchhüpfte sein Aug' die um ihn prangende Natur; er schien den großen belohnenden Blick zu empfinden; und sie sich unter dem Wohlgefallen ihres Fürsten zu verschönern — Hier hielt er mit himmlischer Musik die Nachtigallen gefangen — hier an diesem Busch pflückte er Rosen, und pflückte die Rosen für mich — hier, hier lag er an meinem Halse, brannte sein Mund auf dem meinen — (Räub. Moor seiner nicht mehr mächtig, berührt ihren Mund, und ihre Küsse begegnen sich. Moor hängt stürmisch an ihren Lippen, sie sinkt halb ohnmächtig auf das Kanapee) Strafe mich Karl! mein Eid ist gebrochen!

R. Moor. (tritt halb wahnwitzig von ihr hinweg) Irgendeine Hölle muß auf mich lauern! Ich bin so glücklich!
(starrt sie an)

Amalia. (hat ihren Ring erblickt und fährt ungestüm auf das Kanapee) Was? Du noch am Finger der Verbrecherin! Solltest du Zeuge sein, wie Amalia ihrer Eide spottet? Herab mit dir! (sie reißt den Ring vom Finger, und giebt ihn dem Räuber) Nimm ihn — nimm ihn, geliebter Verführer — und mit ihm mein Heiligstes, mein Alles — meinen Karl!
[sie stürzt in den Sopha zurück]

R. Moor. [erblaßt] Du dort oben! war das deine Meinung? — Das ist eben der Ring, den ich ihr selber gab, zum Zeichen des Bundes — Fahr in die Hölle, Liebe! Ich hab' meinen Ring wieder!

Amalia. (erschrocken) Gott! was ist dir? — Wild rollen deine Augen — Bleich wie Schnee deine Lippen! — Weh mir! Rauscht sie so schnell dahin, die Wonne des Verbrechens!

R. Moor. (mit Ueberwindung) Nichts! nichts! — (starr in die Höhe) Noch bin ich ein Mann! — (er zieht seinen Ring herab, und steckt ihn Amalien an den Finger) Nimm auch diesen, — diesen, süße Furie meines Herzens — und mit ihm mein Heiligstes, mein Alles — meine Amalia!

Amalia. (aufgesprungen) Deine Amalia?

R. Moor. (mit Wehmuth) O! sie war ein liebes Mädchen, und treu, wie ein Engel. Einen Demant gab sie mir beim Abschied — einen Brillantring ließ ich ihr zurück zum Zeichen des Bundes. Sie hörte, ich sei gestorben, und blieb treu dem Gestorbenen. Sie hörte wieder, ich lebe, und wird treulos dem Lebendigen. Ich fliege in ihre Arme — Meine Wollust war wie der Unsterblichen — Fühle den Donnerschlag, der mein Herz traf, Amalia! meinen Brillanten giebt sie mir wieder. Ich — gab ihr den Demant.

Amalia. (starr verwundernd in den Boden) Seltsam! Fürchterlich seltsam!

R. Moor. Wohl fürchterlich und seltsam! Gutes Kind, viel — sehr viel hat der Mensch noch zu lernen eh er das Wesen über ihm auslernt, das seiner Eide lacht, und weint über seine Plane — Meine Amalia ist ein unglückliches Mädchen!

Amalia. Unglücklich — weil sie dich von sich stieß.

R. Moor. Unglücklich — weil sie mich zwiefach umarmet.

Amalia. (mit sanftem Schmerz) O! dann gewiß unglücklich! Das liebe Mädchen! Sie sei meine Schwester! — Aber noch giebt es eine bessere Welt —

R. Moor. Wo die Schleier fallen, und die Liebe mit Entsetzen zurückprallt. — Ewigkeit heißt ihr Name — Meine Amalia ist ein unglückliches Mädchen.

Amalia. (etwas leichtfertig) Sind es alle, die dich lieben, und Amalia heißen?

R. Moor. Alle — wenn sie wähnen, einen Engel zu umhalsen, und — einen Todtschläger in den Armen finden. — Meine Amalia ist ein unglückliches Mädchen!

Amalia. (im Ausbruch der schmerzlichsten Empfindung) Ich beweine Sie!

K. Moor. (nimmt ihre Hand, und hält ihr den Ring vor die Augen) Weine über dich selber! (er stürzt hinaus)

Amalia. (hat den Ring erkannt) Karl! Karl! O Himmel und Erde! (sinkt nieder.)

Verwandlung.

(Der 10. 11. u. 12. Auftritt können b. b. Darst. wegbleiben.)

Dreizehnter Auftritt.

Wald; Mond; Nacht.

(Ein altes verfallenes Raubschloß vorn auf der Bühne.)

Die Räuberbande. (gelagert auf dem Boden)
Spiegelberg. Razmann. (kommen in ein Gespräch)

Razmann. Es wird Nacht — Und der Hauptmann noch nicht da?

Spiegelberg. Ein Wort im Vertrauen, Razmann — Hauptmann sagst du? Wer hat ihn zum Hauptmann über uns gesetzt, oder hat er nicht diesen Titel usurpirt, der von Rechtswegen mein ist? — [Wie? setzen wir darum unser Leben auf den Sprung eines Würfels? Baden wir darum alle Milzsuchten des Schicksals aus, daß wir am Ende noch von Glück sagen, die Leibeignen eines Sclaven zu sein? — Leibeigene, da wir Fürsten sein könnten!] Bei Gott, Razmann! das hat mir niemals gefallen.

Razmann. Beim Donner! mir auch nicht — aber was machen?

Spiegelberg. Fragst du mich das, und bist doch der Spitzbuben einer? Razmann, wenn du bist, wofür ich dich immer hielte — Razmann — man vermißt ihn — giebt ihn halb verloren — Razmann — mir deucht, seine schwarze Stunde schlägt.] Wie? Nicht in die Luft springst du, da dir die Glocke zur Freiheit läutet? Hast nicht einmal so viel Muth, einen kühnen Wink zu verstehen?

Razmann. Ha! Satan! worin verstrickst du meine Seele?

Spiegelberg. Hat's gefangen? — Gut! so folge!] Ich

hab' mir's gemerkt, wohin er geschlichen ist. Komm! Zwei Pistolen fehlen selten, und dann —

Schweizer. (der in die Höhe springt) Ha Bestie! Eben recht erinnerst du mich an die böhmischen Wälder! Warst du nicht die Memme, die anhob zu schnattern, als sie riefen: der Feind kommt? — Ich habe damals bei meiner Seele geflucht — Fahr hin, Meuchelmörder! (sie ziehen ihre Degen, und kommen in's Handgemeng)

Räuber. (in Bewegung) Mordjo! Mordjo! — Schweizer — Spiegelberg — Reißt sie auseinander.

Schweizer. (der ihn erstochen hat) Da! — Und so krepier du! — Friede, Kameraden — Laßt euch die Hasenjagd nicht aufwecken — Die Bestie ist dem Hauptmann immer giftig gewesen, und hat keine Narbe auf ihrer ganzen Haut. — [Ha! über den Racker! von hinten her will er die Männer zu Schanden schmeißen? Männer von hinten her! — Ist uns darum der helle Schweiß über die Backen gelaufen, daß wir aus der Welt schleichen, wie Schurken? Bestie du, haben wir uns darum unter Feuer und Rauch gebettet, daß wir zuletzt, wie Ratten verrecken?]

Grimm. Aber zum Teufel? Der Hauptmann wird rasend werden.

Schweizer. Dafür laß mich sorgen. — Der Schusterle hat's auch so gemacht, aber dafür hängt er jetzt auch in der Schweiz, wie's ihm mein Herr prophezeit hat.

(man hört schießen)

Grimm. (aufspringend) Horch! ein Pistolenschuß! (man schießt zum zweitenmal) Noch einer! Holla! der Hauptmann!

Kosinsky. Nur Geduld! Er muß zum drittenmal schießen.

(man hört noch einen Schuß)

Grimm. Er ist's! [Ist's! Salvir dich, Schweizer! Laßt uns ihm antworten. (sie blasen in die Hörner)]

Vierzehnter Auftritt.

R. Moor. (tritt auf) Vorige.

Schweizer. (ihm entgegen) Sei willkommen, mein Hauptmann! — Ich bin ein Bischen vorlaut gewesen, seit du weg bist, (führt ihn an die Leiche) Sei du Richter zwischen mir und diesem. — Von hinten hat er dich ermorden wollen.

R. Moor. (in den Anblick verloren, bricht heftig aus) O unbegreiflicher Finger der rachekundigen Nemesis! War's nicht dieser, der mir das Sirenenlied trillerte — Weihe dies Schwert der dunklen Vergelterin — Das hast Du nicht gethan, Schweizer.

Schweizer. Bei Gott! ich hab's wahrlich gethan, und es ist beim Teufel nicht das schlechteste, was ich in meinem Leben gethan habe. (wirft den Degen über ihn, und geht unwillig ab.)

R. Moor. (nachdenkend) Ich verstehe — Lenker im Himmel! — Ich verstehe — die Blätter fallen vom Stamme — Mein Herbst ist gekommen — Schafft mir diesen aus den Augen. (Spiegelbergs Leiche wird hinweggetragen.)

[Grimm. Gieb uns Ordre, Hauptmann! was sollen wir weiter thun?

R. Moor. Bald — bald ist alles erfüllt. Ich hab' mich selbst verloren, seitdem ich dort war — Nehmt eure Hörner, und spielt — Ich muß mich zurückwiegen in die Tage meiner Kraft! — Spielt!

Rosinsky. Es ist Mitternacht. Hauptmann. Wie Blei liegt der Schlaf in uns — seit drei Tagen kein Auge zu.

R. Moor. Sinkt denn der balsamische Schlaf auch auf die Augen der Schelmen? Warum fliehet er mich? — Ich bin nie ein Feiger gewesen, oder ein schlechter Kerl. — Spielt, befehl ich! — Musik muß ich hören, daß mein schlafender Genius wieder aufwache. (sie spielen einen Marsch)

R. Moor. (der während der Musik tief in sich gekehrt auf und nieder gegangen, unterbricht sie schnell) Hinweg!] Gute Nacht! Morgen höret ihr weiter.

Räuber. (legen sich auf die Erde) Gute Nacht, Hauptmann! (sie schlafen ein)

Funfzehnter Auftritt.

R. Moor. (allein wach) [Tiefe Stille.]
Eine lange — lange, gute Nacht; kein Morgen wird sie

mehr röthen! — — — Glaubt ihr, ich werde zittern? Geister meiner Erwürgten! Ich werde nicht zittern. — [Euer banges Sterbegewinsel, euer schwarzgewürgtes Gesicht, eure fürchterlich klaffenden Wunden sind ja nur Glieder einer unzerbrechlichen Kette des Schicksals, und hängen zuletzt an meinen Feierabenden, an den Launen meiner Ammen und Hofmeister, am Temperament meines Vaters, am Blute meiner Mutter. — Warum hat kein Perillus einen Ochsen aus mir gemacht, daß die Menschheit in meinem glühenden Bauche brate?] (er setzt die Pistole an) Zeit und Ewigkeit! — über diesem Rohr sich umarmend! — Grauser Schlüssel! der das Gefängniß des Lebens hinter mir schließt, und vor mir aufriegelt die Behausung der ewigen Freiheit. — Sage mir, o sage mir! — Wohin? Wohin wirst du mich führen? Fremdes, nie umgesegeltes Land! — [Siehe, die Menschheit erschlafft unter diesem Bilde — die Spannkraft des Endlichen läßt nach, und die Phantasie, der muthwillige Affe der Sinne, gaukelt unserem Kleinmuth seltsame Schatten vor. — Nein, nein! ein Mann muß nicht straucheln! —] Sei, wie du willst, namenloses Jenseits! — Bleib mir nur dieses mein S e l b s t getreu. — Sei, wie du willst, wenn ich nur mich selbst mit hinübernehme, — [Außendinge sind nur die Farbe des Geistes — Ich selbst bin mein Himmel und meine Hölle! (den Blick starr hinaus geheftet) [Wenn du mir irgend einen eingeäscherten Weltkreis allein ließest, den du aus deinen Augen verbannt hast, wo die einsame Nacht, und die ewige Wüste meine Aussichten sind? — — Ich würde dann das schweigende Leere mit meinen Träumen bevölkern, und hätte die Ewigkeit zur Muße, das verworrene Bild des allgemeinen Elends zu zergliedern. — — — Oder willst du mich durch immer neue Geburten, und immer neue Schauplätze des Elends von Stufe zu Stufe — zur Vernichtung — führen? Kann ich nicht die Lebensfäden, die mir jenseits gesponnen sind, so leicht zerreißen, wie diesen — Du kannst mich zu N i c h t s machen — Diese Freiheit kannst du mir nicht nehmen.] (er ladet die Pistolen. Plötzlich hält er ein) Und soll ich für Furcht eines qualvollen Lebens sterben? Soll ich dem Elend den Sieg über mich einräumen? Nein! ich will's dulden!

wirft die Pistole weg) Die Qual erlahme an meinem Stolz!
Ich will's vollenden! (immer finsterer; es schlägt zwölf Uhr)

Sechzehnter Auftritt.

Hermann. (kommt durch den Wald. Hernach die Stimme
des alten Moors im Thurm.)

Hermann. Horch, horch! grausig heulet der Kauz! —
Zwölf schlägt's drüben im Dorf — Wohl! Wohl! alles liegt
schlafen — nur das böse Gewissen wacht, und — die Rache
— (er tritt an den Thurm und pocht) Komm herauf, Jammer=
mann — Thurmbewohner! Deine Mahlzeit ist bereitet.

R. Moor. (tritt bebend zurück) Was soll das bedeuten?

Eine Stimme. (aus dem Thurm) Wer pocht da? He?
He? Bist du's, Hermann mein Rabe?

Hermann. Bin's, Hermann dein Rabe. Steig herauf
an's Gitter, und iß. - Fürchterlich trillern die Schlafka=
meraden. Alter — — dir schmeckt's?

Die Stimme. Hungerte mich sehr. Habe Dank, Ra=
bensender für's Brod in der Wüste! — Und wie geht's mei=
nem lieben Kind, Hermann?

Hermann. Stille! Horch! Geräusch, wie von Schnar=
chenden — Hörst du nichts?

[Stimme. Wie? Hörst du etwas?

Hermann. Den Wind pfeifen durch die Ritzen des
Thurmes. — Eine Nachtmusik, davon einem die Zähne
klappern, und die Nägel blau werden. — Horch! Noch ein=
mal! — Immer ist mir, als hört' ich ein Schnarchen. Du
hast Gesellschaft, Alter — Hu! hu! he!]

Stimme. Siehst du etwas?

Hermann. Leb wohl! Leb wohl! Grausig ist die Wüste.
— Steig hinunter in's Loch — Nahe dein Retter! dein
Rächer — (er will fliehen)

R. Moor. (tritt mit Entsetzen hervor) Steh!

Hermann. (steht still) Wer da?

R. Moor. Steh! Rede! Wer bist du? Was hast du hier zu thun? Rede!

Hermann. (kommt vorwärts) Gewiß seiner Auflaurer einer! Ich fürchte nichts mehr. (zieht den Degen) Wehre dich, Schurke! du hast deinen Mann vor dir.

R. Moor. (schlägt ihm den Degen weit weg) Antwort will ich. Wofür das bübische Degenspiel? — Von Rache sprachst du? — Rache kommt mir zu — unter diesem Monde! Wer will mir in's Handwerk greifen?

Hermann. (bebt erschrocken zurück) Bei Gott! den gebar das Weib nicht! Sein Betasten entnervt wie der Tod!

Die Stimme. (im Thurm) Weh! Weh! bist du's, Hermann, der da redet? Mit wem redest du, Hermann?

R. Moor. Drunten noch Jemand? was geht hier vor? — (läuft dem Thurme zu) Irgend ein Ungeheuer von Geheimniß liegt in diesem Thurme verlarvt. — Mit dem Degen will ich's entlarven.

[Hermann. (kommt schüchtern näher) Furchtbarer Fremdling! Bist du vielleicht der satanische Poltergeist dieser Wüste? — oder bist du der Sbirren der dunklen Vergeltung einer, die durch die Unterwelt patrouilliren gehen, und die Geburten der Mitternacht mustern — O! wenn du der bist, so sei willkommen an diesem Thurme!

R. Moor. Errathen! Nachtwanderer. Würgengel ist mein Name. Fleisch und Blut hab ich, wie du? Ist's ein Gefangener, den die Menschen abschüttelten? Ich will seine Ketten lösen. Stimme! noch einmal! Wo ist die Thüre?]

Hermann. Eben so leicht sprengt Beelzebub die Thore des Himmels, als du diese — Geh heim, Starker! der Witz der Lotterbuben geht über die Sinne der Männer. (schlägt mit dem Degen an den Thurm)

R. Moor. Aber nicht über den Witz der Diebe; (er zieht den Hauptschlüssel heraus) Ich danke dir Gott, daß du mich stelltest an die Spitze der Beutelschneider! — Diese Schlüssel verlachen die Vorsicht der Hölle — (er nimmt einen Schlüssel, und öffnet den Thurm. Aus dem Grund steigt ein Alter, ausgemergelt wie ein Gerippe. Moor springt erschrocken zurück) Entsetzliches Blendwerk! Mein Vater!

Siebzehnter Auftritt.
Der alte Moor. Vorige.

D. a. Moor. Habe Dank, o Gott! Erschienen ist die Stunde der Erlösung.

R. Moor. Geist des alten Moors! was hat dich beunruhigt in deinem Grabe? Hast du eine Sünde in jene Welt geschleppt, die dir den Eingang in die Pforten des Paradieses verrammelt? [Ich will beten, ich will Messen lesen lassen, den irrenden Geist in seine Heimath zu senden. Hast du das Geld der Wittwen und Waisen unter die Erde gegraben, das dich zu dieser mitternächtlichen Stunde heulend herumtreibt? Ich will den unterirdischen Schatz aus den Klauen des Zauberhundes reißen, und wenn er tausend rothe Flammen auf mich speit, und seine spitzen Zähne gegen meinen Degen blecht!] Oder kommst du, auf meine Frage, die Räthsel der Ewigkeit zu entfalten? Rede! Rede! Ich bin der Mann der bleichen Furcht nicht.

D. a. Moor. Ich bin kein Geist. Taste mich an. Ich lebe. O ein elendes erbärmliches Leben!

R. Moor. Was? Du bist nicht begraben worden?

D. a. Moor. Ich bin begraben worden. Das heißt: Ein toller Hund liegt in meiner Väter Gruft — Und ich — drei volle Monde schmacht' ich schon in diesem finstern Thurme, [von keinem Strahle beschienen, von keinem warmen Lüftchen angeweht, wo wilde Raben krächzen, und mitternächtliche Uhus heulen.]

R. Moor. Himmel und Erde! Wer hat das gethan?

Hermann. (mit grimmiger Freude) Ein Sohn!

D. a. Moor. Verfluch' ihn nicht!]

R. Moor. Ein Sohn? (wüthend gegen Hermann stürzend) Schlangenzüngiger Lügner! Ein Sohn? Sprich das: Sohn nochmal, und ich bohre zehn Schwerter in deine lästernde Gurgel! Ein Sohn?

Hermann. Und wenn die Hölle dabei bankerott würde! sein Sohn, sag' ich!

R. Moor. (erstarrt wie eine Statue) O ewiges Chaos!

D. a. Moor. Wenn du ein Mensch bist, und ein menschliches Herz hast — Erlöser! den ich nicht kenne, o! so höre den Jammer eines Vaters, den ihm seine Söhne bereitet haben. [Drei Monde schon hab' ich's tauben Felsenwänden zugewinselt; aber ein hohler Wiederhall äffte meine Klagen nur nach — Darum, wenn du ein Mensch bist, und ein menschliches Herz hast —]

R. Moor. Diese Beschwörung könnte die Wölfe auffordern.

D. a. Moor. Ich lag eben auf dem Siechbette, hatte kaum einige Kräfte nach einer harten Krankheit gesammelt, so brachte man einen Mann zu mir, der meldete, mein Erstgeborner sei gefallen in der Schlacht, und sein letztes Lebewohl, und daß ihn mein Fluch gejagt hätte in Kampf, Tod und Verzweiflung.

Hermann. Gelogen! Garstig gelogen! Dieser Schurke war ich selbst — erkauft von ihm mit Gold und Versprechungen, [Euch das Nachsuchen zu legen, und den Garaus zu machen durch die Trauerpost.

D. a. Moor. Du? du? O Himmel! Und es war abgekartet - und ich war betrogen?]

R. Moor. [tritt außer sich auf die Seite] Hörst du's Moor? Hörst du's? Es fängt an zu tagen! Fürchterlich! Fürchterlich!

Hermann. Tretet mich breit wie eine Natter. Ich war sein Helfershelfer; unterdrückte die Briefe Eures Karl; verfälschte die Eurigen, unterschob andere feindseligen Inhalts. So hinterging man Euch — so zwackte man ihn aus Eurem Testament und Herzen.

R. Moor. [in der entsetzlichsten Bedrängniß] Und darum Räuber und Mörder! (die Faust wider Brust und Stirne) O ich blöder blöder Thor! — Spitzbübische Künste! Und darum Mörder und Mordbrenner! (halb rasend auf und nieder)

[D. a. Moor. (mit gemildertem Zorn) Franz! Franz! — Doch ich will nicht fluchen! — Und daß ich nichts sah, nichts merkte! Weh über den blinden Verzärtler!

R. Moor. (plötzlich stillstehend) Und im Thurme der Vater? (den Schmerz in sich pressend) Ich habe hier nicht zu zürnen.] (zum alten Moor mit erzwungener Ruhe) Redet weiter.

D. a. Moor. Ich ward ohnmächtig bei der Botschaft. Man muß mich für todt gehalten haben, denn als ich wieder zu mir selber kam, lag ich schon in der Bahre, und in's Leichentuch gewickelt wie ein Todter. Ich kratzte an dem Deckel der Bahre. Er ward aufgethan. Es war finstere Nacht, mein Sohn Franz stand vor mir. — Was? rief er mit entsetzlicher Stimme, willst du denn ewig leben? — und gleich flog der Sargdeckel wieder zu. [Der Donner dieser Worte hatte mich meiner Sinne beraubt; als ich wieder erwachte, fühlte ich den Sarg erhoben und fortgeführt in einem Wagen eine halbe Stunde lang.] Endlich ward er geöffnet — ich stand am Eingang dieses Gewölbes, mein Sohn vor mir, und der Mann, der mir das blutige Schwert von Karl gebracht hatte — [zehnmal umfaßt' ich seine Kniee und bat und flehte, und umfaßte sie, und beschwur — das Flehen seines Vaters reichte nicht an sein Herz —] Hinab mit dem Balg! donnerte es von seinem Munde, er hat genug gelebt, und hinab ward ich gestoßen ohne Erbarmen, mein Sohn Franz schloß hinter mir zu.

R. Moor. Es ist nicht möglich, nicht möglich; Ihr müßt Euch geirrt haben.

D. a. Moor. Ich kann mich geirrt haben. Höre weiter, aber zürne [doch] nicht! So lag ich zwanzig Stunden, und kein Mensch gedachte meiner Noth. [Auch hat keines Menschen Fußtritt je diese Einöde betreten, denn die allgemeine Sage geht, daß die Geister meiner Väter in diesen Ruinen rasselnde Ketten schleifen, und in mitternächtlichen Stunden ihr Todtenlied raunen] Endlich hört' ich die Thüre wieder aufgehen; dieser Mann brachte mir Brod und Wasser, und entdeckte mir wie ich zum Tod des Hungers verurtheilt gewesen, und wie er sein Leben in Gefahr setze, wenn es herauskäme, daß er mich speise. So ward ich kümmerlich erhalten diese lange Zeit; [aber der unaufhörliche Frost — die faule Luft meines Unraths — der grenzenlose Kummer — meine Kräfte wichen, mein Leib schwand; tausendmal bat ich Gott mit Thränen um den Tod — aber das Maß meiner Strafe muß noch nicht gefüllet sein — oder muß irgend eine Freude meiner warten, daß ich so wunderbar-

lich erhalten bin]. Aber ich leide gerecht — Mein Karl! mein Karl! — [und er hatte noch keine graue Haare.]
R. Moor. Es ist genug. Auf ihr Klötze, ihr trägen Eisklumpen! Ihr trägen, fühllosen Schläfer! Auf! will keiner erwachen? (er thut einen Pistolenschuß über die schlafenden Räuber)

Achtzehnter Auftritt.

Die Vorigen, und die Räuber, die aus dem
Schlafe aufspringen.

Die Räuber. (aufgejagt) He, holla, holla, was giebt's denn da?
R. Moor. Hat Euch die Geschichte nicht aus dem Schlummer gerüttelt? Der ewige Schlaf würde wach geworden sein! Schaut her! Schaut her! [Die Gesetze der Welt sind Würfelspiel worden,] das Band der Natur ist entzwei; die alte Zwietracht ist los; der Sohn hat seinen Vater erschlagen.
Die Räuber. Was sagt der Hauptmann?
R. Moor. Nein! nicht erschlagen! Das Wort ist Beschönigung! — Der Sohn hat den Vater tausendmal gerädert, gespießt, gefoltert, geschunden! — Die Worte sind mir zu menschlich — [worüber die Sünde roth wird, worüber der Kannibale schauert, worauf seit Aronen kein Teufel gekommen ist.] Der Sohn hat seinen eigenen Vater — o seht her! seht her! er ist Ohnmacht gesunken, — in diesem Thurm hat der Sohn seinen Vater — Frost, Blöße, Hunger, — Durst — o seht doch, seht doch! — es ist mein eigener Vater, — ich will's nur gestehen.
D. Räuber. (springen herbei und umringen den Alten) Dein Vater? Dein Vater?
Schweizer. [tritt ehrerbietig näher, fällt vor ihm nieder] Vater meines Hauptmanns! [Ich küsse dir die Füße!] Du hast über meinen Dolch zu befehlen.
R. Moor. Rache! Rache! Rache dir! grimmig beleidigter, entheiligter Greis! So zerreiß' ich von nun an auf ewig das brüderliche Band, (er zerreißt sein Kleid von oben bis unten) So verfluch' ich jeden Tropfen brüderlichen Bluts im

Antlitz des offenen Himmels! Höret mich, Mond und Gestirne! Höre mich, mitternächtlicher Himmel, der du auf die Schandthat herunterblickteſt! Höre mich, dreimal ſchrecklicher Gott, [der da oben über dem Monde waltet, und rächt und verdammt über den Sternen, und feuerflammt über der Nacht!] Hier kniee ich — hier ſtreck' ich empor die drei Finger in die Schauer der Nacht — hier ſchwör' ich, und ſo ſpeie die Natur mich aus ihren Grenzen wie eine bösartige Beſtie aus, wenn ich dieſen Schwur verletze, — ſchwör' ich, das Licht des Tages nicht mehr zu grüßen, bis des Vatermörders Blut vor dieſem Steine verſchüttet, gegen die Sonne dampft! [er ſteht auf]
[Die Räuber. Es iſt ein Belials Streich! Sag einer, wir ſeien Schelmen! Nein, bei allen Drachen! So bunt haben wir's nie gemacht!

R. Moor. Ja! und bei allen ſchrecklichen Seufzern berer, die jemals durch Eure Dolche ſtarben, derer, die meine Flamme fraß, und mein fallender Thurm zermalmte, — eh' ſoll kein Gedanke von Mord und Raub Platz finden in Eurer Bruſt, bis Euer aller Kleider von des Verruchten Blute ſcharlachroth gezeichnet ſind. — Das hat Euch wohl niemals geträumet, daß Ihr der Arm höherer Majeſtäten, ſeid? Der verworrene Knäuel unſeres Schickſals iſt aufgelöſt! Heute, heute hat eine unſichtbare Macht unſer Handwerk geadelt! Betet an vor dem, der Euch dies erhabene Loos geſprochen, der Euch hierher geführt, der Euch gewürdigt hat, die ſchrecklichen Engel ſeines finſtern Gerichts zu ſein.] Entblößet Enre Häupter! Knieet hin in den Staub, und ſtehet geheiligt auf!
[Die Räuber knieen.]

Schweizer. Gebeut Hauptmann, was ſollen wir thun?

R. Moor. [Steh auf, Schweizer, und rühre dieſe heiligen Locken an! (er führt ihn zu ſeinem Vater und giebt ihm eine Locke in die Hand] Du weißt noch, wie du einſtmals jenem böhmiſchen Reiter den Kopf ſpalteteſt, da er den Säbel über mich zuckte, und ich athemlos und erſchöpft von der Arbeit in die Kniee geſunken war? Dazumal verhieß ich dir eine Belohnung, die königlich wäre! ich konnte dieſe Schuld niemals bezahlen.

Schweizer. Das schwurst du mir, es ist wahr, aber laß mich dich ewig meinen Schuldner nennen!

R. Moor. Nein, jetzt will ich bezahlen, Schweizer, so ist noch kein Sterblicher geehrt worden, wie du! — Räche meinen Vater! (Schweizer steht auf.)

Schweizer. Großer Hauptmann! Heut' hast du mich zum erstenmal stolz gemacht! — Gebeut, wo, wie, wann soll ich ihn schlagen?

R. Moor. Die Minuten sind gezählt, du mußt eilends gehen. — Lies dir die Würdigsten aus der Bande, und führe sie gerade nach des Edelmann's Schloß! Zerr ihn aus dem Bette, wenn er schläft, oder in den Armen der Wol=lust liegt, schlepp' ihn vom Mahle weg, wenn er besoffen ist; reiß' ihn vom Krucifix, wenn er betend davor auf den Knieen liegt! Aber ich sage dir, ich schärfe es dir hart ein, liefre ihn mir nicht todt: Dessen Fleisch will ich in Stü=cken reißen und den hungrigen Geyern zur Speise geben, der ihm nur die Haut ritzt, oder ein Haar krümmt. Ganz muß ich ihn haben, und wenn du ihn ganz und lebendig bringst, so sollst du eine Million zur Belohnung haben; ich will sie einem Könige mit Gefahr meines Lebens stehlen, und du sollst frei ausgehen wie die weite Luft. — Hast du mich verstanden, so eile davon!

Schweizer. Genug, Hauptmann! Hier hast du meine Hand darauf! Entweder du siehst zwei zurückkommen, oder gar keinen. Schweizers Würgengel kommt.
(ab mit einem Geschwader und Hermann.)

R. Moor. Ihr übrigen zerstreut euch im Wald — Ich bleibe [[bei meinem Vater!]]

Fünfter Aufzug.

Erster Auftritt.
(Aussicht von vielen Zimmern.)

Franz. (stürzt im Schlafrock herein. Gleich darauf) **Daniel**.

Franz. Verrathen, Verrathen! Geister ausgespieen aus Gräbern — Losgerüttelt das Todtenreich aus dem ewigen Schlaf, brüllt wider mich Mörder! Mörder! — Was regt sich da?

Daniel. (ängstlich) [Hilf Himmel!] Seid Ihr's, gestrenger Herr, der so gräßlich durch die Gewölbe schreiet, daß alle Schläfer auffahren?

Franz. Schläfer! Wer heißt Euch schlafen? Es soll Niemand schlafen in dieser Stunde. Hörst du? Alles soll auf sein — in Waffen — alle Gewehre geladen. Sahst du sie dort im Bogengang hinschweben?

Daniel. Wen, gnädiger Herr?

Franz. Wen? Dummkopf! wen? So kalt, so leer fragst du, wen? hat mich's doch angepackt wie der Schwindel! [Wen, Schafskopf,] wen? Geister und Teufel! Wie weit ist's in der Nacht?

Daniel. Eben jetzt ruft der Nachtwächter zwei an.

Franz. Was? will diese Nacht währen bis an den jüngsten Tag? Hörtest du keinen Tumult in der Nähe? Kein Siegsgeschrei? Kein Geräusch galoppirender Pferde? Wo ist Karl — der Graf, wollt' ich sagen?

Daniel. Ich weiß nicht, mein Gebieter.

Franz. Du weißt nicht? Du bist ja auch unter der Rotte? Ich will dir das Herz aus den Rippen stampfen! mit deinem verfluchten: ich weiß nicht! [Was? auch Bettler wider mich verschworen? Himmel, Hölle, Alles wider mich verschworen?]

Daniel. Mein Gebieter! —

Franz. Nein! ich zittre nicht! Es war lediglich ein Traum. Die Todten stehen noch nicht auf. — Wer sagt, daß ich zittre und bleich bin? Es ist mir ja so leicht, so wohl.

Daniel. Ihr seid todtenbleich, Eure Stimme ist bang und lallet.

Franz. Ich habe das Fieber; ich will morgen zur Ader lassen.

Daniel. O Ihr seid ernstlich krank.

Franz. Ja freilich, freilich! das ist's alles — Und Krankheit verstöret das Gehirn, und brütet tolle und wunderliche Träume aus. — Träume bedeuten nichts — nicht wahr, Daniel? [Träume kommen ja aus dem Bauche, und Träume bedeuten nichts. —] Ich hatte soeben einen lustigen Traum.
(er sinkt ohnmächtig nieder.)

Daniel. [Gott! was ist das! Georg! Conrad! Bastian! Martin! — so gebt doch nur eine Urkund' von Euch. [rüttelt ihn] So nehmt doch nur Vernunft an! — So wird's heißen, ich hab' ihn todt gemacht!] Gott erbarme sich meiner!

Franz. (verwirrt) Weg! — weg! was rüttelst du mich so, scheußliches Todtengerippe? — Die Todten stehen noch nicht auf —

[Daniel. O du ewige Güte! Er hat den Verstand verloren!]

Franz. (richtet sich matt auf) Wo bin ich? Du, Daniel! was hab' ich gesagt? Merke nicht drauf! [Ich hab' eine Lüge gesagt, es sei, was es wolle — Komm! hilf mir auf!] — Es ist nur ein Anstoß von Schwindel — weil ich — nicht ausgeschlafen habe.

Daniel. Ich will Hilfe rufen, ich will nach Aerzten rufen.

Franz. Bleib'! setz' dich neben mich auf diesen Sopha. So — du bist ein gescheidter, ein guter Mann. Laß dir's erzählen.

Daniel. Jetzt nicht, ein andermal! Ich will Euch zu Bette bringen. Ruhe ist Euch besser.

Franz. Nein, ich bitte dich, laß dir erzählen, und lache

mich derb aus. Siehe, mir däuchte, ich hätte ein königlich Mahl gehalten, und mein Herz wäre guter Dinge, und ich läge berauscht im Rasen des Schloßgartens, und plötzlich — plötzlich, aber ich sage dir, lache mich derb aus!

Daniel. Plötzlich —

Franz. Plötzlich traf ein ungeheurer Donner mein schlummerndes Ohr; ich taumelte bebend auf, und siehe, da war mir's als säh' ich aufflammen den ganzen Horizont in feuriger Lohe, und Berge und Städte und Wälder wie Wachs im Ofen zerschmelzen, und eine heulende Windsbraut fegte von hinnen Meer, Himmel und Erde.

Daniel. Das ist ja das leibhafte Conterfei vom jüngsten Tag.

Franz. Nicht wahr? das ist tolles Zeug? Da trat einer hervor, der hatte in seiner Hand eine eherne Wage, die hielt er zwischen Aufgang und Niedergang, und sprach: Tretet herzu, ihr Kinder des Staubes. — Ich wäge die Gedanken.

[Daniel. Gott erbarme sich meiner.]

Franz. Schneebleich standen alle; ängstlich klopfte die Erwartung in jeglicher Brust. Da war mir's, als hört' ich meinen Namen zuerst genannt aus den Wettern des Berges, und mein innerstes Mark gefror in mir, und meine Zähne klapperten laut.

Daniel. O, Gott vergeb' Euch.

Franz. Das that er nicht! — Siehe, plötzlich erschien ein alter Mann, schwer gebeugt vor Gram, angebissen den Arm von wüthendem Hunger; aller Augen wandten sich scheu von dem Manne; ich kannte den Mann; er schnitt eine Locke von seinem silbernen Haupthaar, warf sie hin — hin — und — da hört' ich eine Stimme schallen aus dem Rauche des Felsen: Gnade! Gnade jedem Sünder der Erde und des Abgrunds! Du allein bist verworfen! (tiefe Pause) Nun warum lachst du nicht?

Daniel. Kann ich lachen, wenn mir die Haut schaudert? Träume kommen von Gott.

Franz. Pfui doch! pfui doch! sage das nicht! Heiß' mich

einen Narren, einen aberwitzigen, abgeschmackten Narren! Thue das, lieber Daniel, ich bitte dich darum, spotte mich tüchtig aus!

Daniel. Träume kommen von Gott. Ich will für Euch beten. (ab.)

Franz. (allein) Pöbelweisheit! Pöbelfurcht! — Es ist ja noch nicht ausgemacht, ob das Vergangene nicht vergangen ist, oder ein Auge findet über den Sternen — Hm! hm! — wer raunte mir das ein? Rächet denn droben über den Sternen einer? — Nein, nein! — Ja, ja! fürchterlich zischelt's um mich: Richtet droben einer über den Sternen! Entgegen gehen dem Rächer über den Sternen diese Nacht noch! Nein! sag' ich. Elender Schlupfwinkel, hinter den sich deine Feigheit verstecken will — öd, einsam, taub ist's droben über den Sternen! — — [Wenn's aber doch etwas mehr wäre? Nein, nein, es ist nicht! Ich will's, es ist nicht!] Wenn's aber doch wäre? Weh mir, wenn's nachgezählt worden wäre! Wenn's dir vorgezählt würde diese Nacht noch! — — Warum schaudert's mir so durch die Knochen — Sterben! warum packt mich das Wort so? Rechenschaft geben dem Rächer droben über den Sternen — und wenn er gerecht ist, — wenn er gerecht ist? —

[Zweiter Auftritt.

Franz. Ein Bedienter eilig.

Bedienter. Amalia ist entsprungen, der Graf ist plötzlich verschwunden.]

Dritter Auftritt.

Vorige. Daniel (kommt ängstlich.)

Gnädiger Herr, es jagt ein Trupp feuriger Reiter die Steig herab, schreien Mordjo, Mordjo — das ganze Dorf in Allarm.

Franz. Geh, laß alle Glocken zusammen läuten, alles soll in die Kirche — auf die Kniee fallen Alles — beten für mich — alle Gefangene sollen los sein und ledig; ich will den Armen alles doppelt und dreifach wieder geben; ich will — so geh doch — [so ruf doch den Beichtvater, daß er mir meine Sünden hinwegsegne —] Bist du noch nicht fort?

[Das Getümmel wird hörbar.]

Daniel. Gott verzeih mir meine schwere Sünde! [wie soll ich das wieder reimen?] Ihr habt ja immer das liebe Gebet über alle Häuser hinausgeworfen — habt so manche

Franz. Nichts mehr davon — Sterben! Siehst du, Sterben? Es wird zu spät (man hört Schweizer toben) Bete doch! Bete!

[Daniel. Ich sagt's Euch immer, — Ihr verachtet das liebe Gebet so — aber gebt Acht, gebt Acht! Wenn die Noth an Mann geht, wenn Euch das Wasser an die Seele geht — —

Schweizer. [auf der Gasse] Stürmt! Schlagt todt! Brecht ein! ich sehe Licht, dort muß er sein!]

Franz. [auf den Knieen] Höre mich beten, Gott im Himmel! — Es ist das erstemal — Erhöre mich, Gott im Himmel!

[Schweizer. [immer auf der Gasse] Schlag sie zurück Kamerad — der Teufel ist's und will Euren Herrn holen — wo ist der Schwarze mit seinem Haufen? — Postir dich um's Schloß, Grimm — Lauf Sturm wider die Ringmauer!

Grimm. Holt Ihr Feuerbrände — wir herauf oder er herunter — ich will Feuer in seine Säle schmeißen.]

Franz. [betet] Ich bin kein gemeiner Mörder gewesen, mein Herr Gott! — hab' mich nie mit Kleinigkeiten abgegeben, mein Herr Gott!

Daniel Gott sei uns gnädig! Auch seine Gebete werden zu Sünden.

[Es fliegen Steine und Feuerbrände. Die Scheiben fallen, gleich darauf leuchtet ein rother Flammenschein aus der Coulisse.]

Franz. Ich kann nicht beten — hier, hier! [auf Brust und Stirn schlagend] Alles so öd — so verdorret [steht auf] Nein, ich will auch nicht beten —

Daniel. [Jesus Maria] Helft — rettet — das ganze Schloß steht in Flammen.

Franz. Hier nimm diesen Degen. Hurtig — jag' ihn mir hinterrücks in den Leib, daß nicht diese Buben kommen, und treiben ihren Spott mit mir.
[Das Feuer nimmt überhand.]

Daniel. Bewahre! bewahre! Ich mag niemand zu früh in den Himmel fördern, viel weniger zu früh —
[er entrinnt.]

Vierter Auftritt.

Franz allein.

[Ihm graß nachstierend, nach einer Pause]

In die Hölle willst du sagen! — Wirklich! ich wittere so etwas   Sind das ihre hellen Triller? Hör' ich Euch zischen, ihr Nattern des Abgrunds? — Sie bringen herauf — belagern die Thüre — Warum zag' ich vor dieser bohrenden Spitze? — Die Thür kracht — stürzt — unentrinnbar. [er springt in die Flamme, die eindringenden Räuber ihm nach.]

Verwandlung.

Fünfter Auftritt.

[Der Schauplatz wie in dem letzten Auftritt des vorigen Akts.]

Der alte Moor auf einem Stein sitzend, Räuber Moor gegenüber, Räuber hin und her im Wald.

R. Moor. Er war Euch lieb Euer anderer Sohn?

D. a. Moor. Du weißt es, o Himmel? Warum ließ ich mich doch durch die Ränke eines bösen Sohnes bethören? [Ein gepriesener Vater ging ich einher unter den Vätern der Menschen. Schön um mich blühten meine Kinder voll Hoffnung. Aber — O der unglückseligen Stunde! — der böse Geist fuhr in das Herz meines zweiten, ich traute der Schlange — verloren, meine Kinder beide!]
[verhüllt sich das Gesicht]

R. Moor. [geht weit von ihm weg.]

D. a. Moor. O ich fühl' es tief, was mir Amalia sagte; der Geist der Rache sprach aus ihrem Munde. Vergebens ausstrecken wirst du die Hand nach einem Sohn; vergebens wähnen zu umfassen die warme Hand beines Karl's, der nimmermehr an deinem Bette steht —

R. Moor. [reicht ihm die Hand mit abgewandtem Gesicht].

D. a. Moor. Wär'st du meines Karl's Hand — [aber er liegt fern im engen Hause, schläft schon den eisernen Schlaf, höret nimmer die Stimme meines Jammers — weh mir! sterben in den Armen eines Fremdlings — Kein Sohn mehr — kein Sohn mehr der mir die Augen zudrücken könnte. —

R. Moor. [in der heftigsten Bewegung] Jetzt muß es sein — jetzt — [zu den Räubern] Verlaßt mich! — Und doch — kann ich ihm denn seinen Sohn wieder schenken — Ich kann ihm seinen Sohn doch nicht mehr schenken — Nein, ich will's nicht thun.

D. a. Moor. Wie? Freund! Was hast du da gemurmelt?

R. Moor. Dein Sohn — ja alter Mann — [stammelnd] Dein Sohn — ist — ewig verloren.

D. a. Moor. Ewig?

R. Moor. [in der fürchterlichsten Beklemmung gen Himmel sehend] O! nur diesmal — laß meine Seele nicht matt werden — nur diesmal halte mich aufrecht!

D. a. Moor. Ewig sagst du?

R. Moor. Frage nicht weiter. Ewig, sagt' ich.

D. a. Moor. Frembling! Frembling! warum zogst du mich aus dem Thurm?

R. Moor. Und wie?] Wenn ich jetzt seinen Segen weghaschte — haschte wie ein Dieb, und mich davon schliche mit der göttlichen Beute — (stürzt vor ihm nieder) Ich zerbrach die Riegel deines Thurmes — Küsse mich, göttlicher Greis!

D. a. Moor. (drückt ihn gegen sein Herz) Denk' es sei Vaters Kuß; so will ich denken, ich küsse meinen Karl! — Du kannst auch weinen?

R. Moor. Ich dacht' es sei Vaters Kuß. (liegt an seinem Hals. Pause. Man hört ein verwirrtes Getöse, und erblickt den Schein von Fackeln. R. Moor springt auf) Horch! die Rache ruft! Sie kommen! [(er wirft einen vollen Blick auf den Alten und schaut grimmiger auf) Flamme mich in tigrische Mordsucht, leidendes Lamm; dir will ich ein Opfer bringen, daß die schauenden Sterne über mir sollen dunkel werden, und in Todesschauer erstarren soll die Natur. (die Fackeln sichtbarer, der Lärm hörbarer. Wiederholte Pistolenschüsse)

D. a. Moor. Weh! Weh! Weß' ist das wilde Getöse? — Sind's die Handlanger meines Sohnes? Wollen sie mich vom Thurme schleppen zum Blocke?]

R. Moor. (auf der anderen Seite) Die Hände gefaltet mit Inbrunst) Höre die Andacht des Mordbrenners, Richter im Himmel! [Mach' ihn unsterblich! Raff' ihn nicht weg beim ersten Streich. Mach' jeden Herzstoß zu einem Labsal — jeden Schwertstoß zu einem Erquicktrunk!]

D. a. Moor. Weh! Was murmelst du, Fremdling? — fürchterlich! fürchterlich!

R. Moor. Ich bete!

(Wilder Lärm der kommenden Räuber.)

D. a. Moor. O! auch meines Franz gedenke in diesem Gebet —

R. Moor. (mit verbiss'nem Rasen) Ich gedenke.

[D. a. Moor. Aber ist das der Ton eines Beters? Hör' auf — hör' auf — Mir schaudert vor deiner Andacht.]

Sechster Auftritt.

Vorige. Ein Trupp Räuber, Schweizer voran.

Franz von Moor. (Ketten schleifend in der Mitte.)

Schweizer. Triumph, Hauptmann! — Hier ist der Bube — Meine Ehre ist gelöst.

[Grimm. Gerissen aus den Flammen seines Schlosses — seine Vasallen geflohen —

Kosinsky. Sein Schloß hinter ihm in Asche — Versunken seines Namens Gedächtniß.]

(Es folgt eine grauenvolle Pause. R. Moor tritt langsam hervor.)

R. Moor. (zu Franz mit dumpfer gelassener Stimme) Kennst du mich?

Franz. (steht den Blick in den Boden gewurzelt, — giebt keine Antwort.)

R. Moor. (wie oben, indem er ihn zu seinem Vater führt) Kennst du diesen?

Franz. (taumelt durchdonnert zurück) Zermalmet mich, Donner des Himmels! Mein Vater!

[D. a. Moor. (wendet sich bebend ab) Geh — Gott vergebe dir — ich vergesse.

R. Moor. [fürchterlich streng] Und mein Fluch hänge sich tausendpfündig an diese Bitte, und lähme ihren Flug zum Erhörer. —] Kennst du diesen Thurm auch?

[Franz. (heftig zu Hermann) Was Ungeheuer? Bis zu diesem Thurm verfolgte dein Familienhaß meinen Vater?

Hermann. Bravo! Bravo! So ist doch kein Teufel so liederlich, seinen Vasallen in der letzten Lüge zu verlassen!]

R. Moor. Genug. Diesen Alten führt tiefer in den Wald. Zu dem, was ich jetzt thun werde, bedarf ich keiner Vaterthränen! (sie führen den alten Grafen, der wie betäubt ist, vom Schauplatz) Näher Banditen! (sie formiren einen Halbkreis um die beiden und hängen schauernd über ihren Flinten) [Nun! keinen Laut weiter — so wahr ich Vergebung der Sünden hoffe! Dem ersten, der nur die Zunge rührt, eh' ich's befehle, kracht diese gezogene Pistole — Stille!

Franz. (zu Hermann im Ausbruch der äußersten Wuth) Ha, Schandbube! daß ich nicht all' mein Gift in diesem Schaum auf dein Angesicht geifern kann!

(weinend in die Kette beißend.)

R. Moor. (in majestätischer Stellung) Ein Bevollmächtigter des Weltgerichts stehe ich da. — Einen Rechtshandel will ich schlichten, den kein Reiner schlichtet — Sünder sitzen zu Gerichte — Ich der Größeste obenan. — Dolche seien die Loose — Wer neben diesem nicht rein steht wie ein Heiliger, trete ab vom Gerichte, und zerbreche seinen Dolch — Laßt fallen! (Die Räuber werfen alle ihre Dolche unzerbrochen auf die Erde.)

[R. Moor. (zu Franz) Sei stolz! Du hast heute Missethäter zu Engeln gemacht! —] Noch einen Dolch vermißt ihr? (er zieht den seinigen. Große Pause) Seine Mutter war auch meine Mutter — (zu Kosinsky und Schweizer) Richtet ihr! (er zerbricht seinen Dolch und tritt tiefgerührt auf die Seite)

Schweizer. (nach einer Pause) Steh' ich nicht da wie ein Schulbube und zermart're mein Gehirn mit Erfindung? — So reich an Freuden das Leben, so arm an Qualen der Tod! (auf den Boden stampfend) Sprich du, ich erlahme.

Kosinsky. Denk an den Graukopf! Blick' seitwärts nach diesem Thurm; und begeistre dich. Ich bin ein Schüler! schäme dich, Meister!

Schweizer. [Bin ich doch grau worden in Auftritten des Jammers, und soll nun zum Bettler verarmen an diesem?!—] Frevelte er nicht an diesem Thurme? Richten wir nicht an diesem Thurme? Hinunter mit ihm! — in diesem Thurm verfaul' er lebendig!

Die Räuber. (beistimmend mit Getöse) Hinunter! hinunter! (stürmen auf Franz zu)

Franz. (springt seinem Bruder in die Arme) Rette mich von den Klauen der Mordbrenner! Rette mich, Bruder!

R. Moor. (sehr ernst) Du hast mich zu ihrem Fürsten gemacht! — (Franz stürzt erschrocken zurück) Wirst du mich noch bitten?

Räuber. (lärmen ungestümer) Hinunter! hinunter!

R. Moor. (tritt zu ihm — edel und mit Schmerz) Sohn meines Vaters! Du hast mir meinen Himmel gestohlen. Diese Sünde sei dir genommen — Fahr' in die Hölle, Rabensohn! — Ich vergebe dir, Bruder!
(er umarmt ihn und eilt von dem Schauplatz)

Franz. (wird hinabgestoßen und über ihm Gelächter.)

R. Moor. (kommt nachdenkend zurück) Es ist vollendet, Lenker der Dinge, habe Dank! Es ist vollendet! — [(verweilt über einem großen Gedanken) **Wenn dieser Thurm wäre das Ziel gewesen, zu dem du mich führtest auf blutvollen Wegen? Wenn ich darum das Haupt der Sünder bin worden? — — — Ewige Vorsicht! hier schaudre ich — und bete an! — Wohl ich vertraue**

dir, und mach' Feierabend am Ziele. — In seiner schönsten Schlacht fällt der Sieger so schön — In diesem Abendroth will ich erlöschen.] Laßt mir den Vater kommen!
(Einige Räuber gehen, und bringen den alten Grafen geführt)

D. a. Moor. Wohin wollt Ihr mit mir? Wo ist mein Sohn?

R. Moor. (mit Würde und Gelassenheit entgegen) Planet und Sandkorn haben ihren gemessenen Platz in der Schöpfung — auch dein Sohn hat den seinen. Sei ruhig, und setz' dich nieder.

D. a. Moor. (bricht in Thränen aus) Kein Kind mehr? Kein Kind mehr?

[R. Moor. Sei ruhig, und setz' dich nieder.

D. a. Moor. O der gutherzigen Barbaren! Aus dem Thurm reißen sie einen sterbenden Greis, ihn zu grüßen: Deine Kinder sind geschlachtet! O, ich bitte euch, vollendet Eure Barmherzigkeit, und stoßt mich wieder hinunter.]

R. Moor. (ergreift seine Hand mit Heftigkeit und hält sie mit Wärme gen Himmel) Lästre nicht, alter Mann! Lästre den Gott nicht, vor dem ich heute freudiger bete. — [Schlimmere, als du bist, haben ihn heute von Angesicht zu Angesicht gesehen.

D. a. Moor. (scharf) Und würgen gelernt?

R. Moor. (böse) Sechzigjähriger! kein solch' Wort mehr. (sanfter und mit Schmerz) Wenn seine Gottheit selbst die Sünder erwärmet, sollen die Heilige sie zurückstoßen? und wo würdest du Worte finden, ihm Abbitte zu thun, wenn er dir heute — einen Sohn getauft hätte?

D. a. Moor. (bitter) Tauft man heute mit Blut?

R. Moor. (sinnend) Wie sagst du? — Redet denn auch Verzweiflung die Wahrheit — Ja, alter Mann, auch mit Blut kann die Vorsehung taufen — Mit Blut hat sie dir heute getauft —] Ihre [[Seine]] Wege sind seltsam und fürchterlich — aber Freudenthränen am Ziele!

D. a. Moor. Wo werd' ich sie weinen?

R. Moor (der ihm in die Arme stürzt) Am Herzen deines Karl!

D. a. Moor. (im Ausbruch der höchsten Freude) Mein Karl lebt?
R. Moor. Dein Karl lebt! — Dir vorausgeschickt zum Retter, zum Rächer! So lohnte dir dein begünstigter Sohn! (auf den Thurm zeigend) — So rächet sich dein verlorener Sohn! (er drückt ihn wärmer an die Brust)
[Räuber. Volk im Wald! Stimmen!
R. Moor. (fährt auf) Ruft die andern. (Die Räuber ab — R. Moor für sich) Es ist Zeit mein Herz — den Wollustbecher vom Mund, eh' er vergiftet.
D. a. Moor. Sind diese Männer deine Freunde? Fast fürcht' ich ihre Blicke.
R. Moor. Alles, mein Vater! — dieses frage mich nicht.]

Siebenter Auftritt.

Amalia. (mit fliegenden Haaren) Die ganze Bande, (hinter ihr her und sammelt sich im Hintergrunde der Bühne) Vorige.

Amalia. Die Todten, schreit man seien erstanden auf seine Stimme — Mein Oheim lebendig — aus diesem Grabe — Karl! Oheim! wo find' ich sie?
R. Moor. (zurückbebend) Wer bringt dies Bild vor meine Augen?
[D. a. Moor. (rafft sich zitternd auf) Amalia! Meine Nichte! Amalia!
Amalia. (stürzt dem Alten in die Arme) Dich wieder, mein Vater — und meinen Karl — und alles?
D. a. Moor. Mein Karl lebt — du — ich — lebt Alles! Alles! Mein Karl lebt!]
R. Moor. (rasend zu der Bande) Brecht auf, Brüder! Der Erzfeind hat mich verrathen!
Amalia. (entspringt dem Vater, eilt auf Karl zu, und umschlingt ihn — entzückt) Ich hab' ihn! o ihr Sterne! ich hab' ihn!
R. Moor. Reißt sie von meinem Halse — Tödtet sie! Tödtet ihn, mich, Euch, Alles! Die ganze Welt geh' zu Grunde!

[Amalia. Bräutigam, Bräutigam! Du rasest! Ha! vor Entzückung! Warum bin ich auch so fühllos? Mitten im Wonnewirbel so kalt?
D. a. Moor. Kommt Kinder! Deine Hand, Karl, — Deine, Amalia — O, ich hoffte nie, daß mir vor dem Grabe die Wolluſt würde! — Ich will sie zusammenfügen auf ewig!
Amalia. Ewig sein! Ewig! Ewig! Ewig mein! O ihr Mächte des Himmels! entlastet mich dieser tödtlichen Wolluſt, daß ich nicht unter dem Centnergewicht vergehe!
R. Moor. (losgerissen von Amalia) Weg! Weg! — Unglückseligſte der Bräute! — Schau ſelbſt! frage ſelbſt! höre! — Unglückſeligſter der Väter! Laß mich ewig davon rennen!
Amalia. Wohin? Was? Liebe! Ewigkeit! Wonne! Unendlichkeit! Und du fliehſt?
D. a. Moor. Mein Sohn flieht? Mein Sohn flieht?
R. Moor. Zu spät! Vergebens! — Dein Fluch, Mensch — frage mich nichts mehr — ich bin — ich bin — dein Fluch — dein vermeinter Fluch!] (gefaßt) So vergeh denn, Amalia! Stirb, Vater! ſtirb durch mich zum zweitenmal! diese, deine Retter sind Räuber und Mörder! Dein Sohn ist — ihr Hauptmann!

D. a. Moor. Gott! Meine Kinder! (er stirbt)
Amalia. [ſtumm und ſtarr wie eine Bildſäule.]
Die ganze Bande. (In fürchterlicher Pauſe)
[R. Moor. (wider eine Eiche rennend) Die Seelen derer, die ich erdroſſelte im Genuſſe der Liebe — derer, die ich zerſchmetterte im heiligen Schlafe, — derer — Hahaha! Hört Ihr den Pulverthurm knallen über dem Stuhl der Gebährerin? Seht ihr die Flammen lecken an den Wiegen der Säuglinge? Das iſt Brautfackel! Das iſt Hochzeitsmuſik! O! er vergißt nicht — er weiß zu mahnen! Darum von mir die Wonne der Liebe! Darum mir zum Gerichte die Liebe! — Das ist Vergeltung!]
Amalia. (wie erwacht aus einem Donnerſchlage laſſend) Es ist wahr! Herrscher im Himmel! [Er sagt:] es ist wahr! — Was hab' ich gethan, [ich unſchuldiges Lamm?]] ich habe dieſen geliebt!

[K. Moor. Das ist mehr, als ein Mann erduldet. Hab' ich doch den Tod aus mehr denn tausend Röhren auf mich zu pfeifen gehört, und ich bin keinen Fuß breit gewichen, soll ich jetzt erst lernen beben wie ein Weib! Beben vor einem Weibe? — Nein! ein Weib erschüttert meine Mannheit nicht, Blut! Blut! -- Es wird vorüber gehen. Blut will ich saufen — und ich poche dem Tyrannen Verhängniß. (er will davon)]

Amalia. (fällt ihm in die Arme) Mörder! Teufel! Ich kann dich Engel nicht lassen.

R. Moor. (steht verwundert still) Träum' ich, ras' ich?] |Hat die Hölle eine neue Finte ersonnen ihre satanische Kurzweil mit mir zu treiben? Sie liegt am Halse des Mordbrenners!

Amalia. Ewig! unzertrennlich!

R. Moor.] Noch liebt sie mich! Noch! |Rein bin ich, wie das Licht!| Sie liebt mich mit all' meinen Sünden! (in Freude geschmolzen) Die Kinder des Lichts weinen am Halse begnadigter Teufel — [Meine Furien erdrosseln hier ihre Schlangen —] Die Hölle ist zernichtet. Ich bin glücklich! (verbirgt das Gesicht an ihrem Busen, eine Gruppe voll Rührung.
Pause)

[Grimm. (grimmig hervortretend) Halt ein, Verräther! gleich laß diesen Arm fahren — oder ich will dir ein Wort sagen, daß dir die Ohren gellen und deine Zähne vor Entsetzen klappern.]

Schweizer. (streckt das Schwert zwischen beide) Denk' an die böhmischen Wälder! hörst du? zagst du? An die böhmischen Wälder sollst du denken. Treuloser, wo sind deine Schwüre? — [vergißt man Wunden so bald — da wir Glück — Ehre und Leben in die Schanze schlugen für dich? Da wir bei dir standen wie Mauern — Hobst du da nicht deine Hand zum eisernen Eid auf, schwurst uns nie zu verlassen, wie wir dich nicht verlassen haben! Ehrloser! Treuvergessener! und du willst abfallen, wenn ein Weib weint?

Die Räuber (durcheinander, reißen ihre Kleider auf) Schau her! Schau! Kennst du diese Narben? Mit unserem Herzblut haben wir dich zum Leibeigenen angekauft — Unser bist du, und wenn der Erzengel Michael mit dem Moloch in's Handgemeng darüber kommen sollte! Marsch mit uns! Opfer um Opfer! Liebe um Treue! ein Weib um die Bande!]

R. Moor. (läßt Amalien fahren) Es ist aus — Ich wollte umkehren, und zu meinem Vater gehen; aber der im Himmel sagt: Nein! [Rolle doch deine Augen nicht so, Amalia — Er bedarf ja meiner nicht — Hat er nicht Geschöpfe die Fülle — Einen kann er so leicht missen. Dieser Eine nun bin ich] Kommt, Kameraden! (er dreht sich nach der Bande)

Amalia (reißt ihn zurück) Halt! Halt! einen Stoß! Einen Todesstoß! Neu verlassen! [Zieh den Degen, und erbarme dich.

R. Moor. Das Erbarmen ist in die Bären gefahren. Ich tödte dich nicht.

Amalia. (seine Kniee umfassend) O um Gottes willen! Um aller Erbarmungen willen! ich will ja nicht Liebe mehr — ich weiß ja wohl, daß droben unsere Sterne feindlich von einander fliehen — Tod ist meine Bitte nur. Sieh! meine Hand zittert. Ich habe das Herz nicht — zu stoßen. Mir bangt vor der blitzenden Scheide. Dir ist's so leicht, du bist Meister im Morden.] Zieh den Degen, und ich bin glücklich.

R. Moor. (sehr streng) Willst du allein glücklich sein? fort! Ich tödte kein Weib!

Amalia. Ha Würger! Du kannst nur die Glücklichen tödten, den Lebenssatten gehst du vorüber. (flehend zu der Bande) So erbarmet Euch meiner, ihr Schüler des Henkers. [Es ist ein so blutdürstiges Mitleid in euren Blicken, das den Elenden Trost ist.] Drückt ab — Euer Meister ist ein feigherziger Prahler. (einige Räuber zielen.)

R. Moor. (außer Fassung) Zurück Harpien! (er tritt mit Majestät dazwischen) Wag' es einer in mein Heiligthum zu brechen! Sie ist mein (indem er sie mit starken Armen umfaßt) [Und nun ziehe an ihr der Himmel, die Hölle an mir. — Die Liebe über den Eiden! (er hebt sie hoch auf und schwingt sie

in dieſer Gruppe unerſchrocken gegen die ganze Bande)] Was die
Natur aneinanderſchmiedet — wer wird es ſcheiden?

Räuber (ſchlagen an) Wir.

[R. Moor. (bitter lachend) Ohnmächtige! (er läßt Amalia
halb entſeelt auf den Stein nieder) Blickt auf, meine Verlobte!
Prieſterſegen wird uns nicht vereinen, aber ich weiß etwas
beſſeres, (er nimmt Amalia's Halstuch hinweg, und entblößt ihr den
Buſen — zu der Bande gelaſſener) Schaut dieſe Schönheit, ihr
Männer — (zärtlich traurig) Schmelzt ſie Banditen nicht?
(nach einer Pauſe ſanft) Schaut mich an, Banditen — Jung
bin ich, und liebe — hier werb' ich geliebt — angebetet.
Bis an's Thor des Paradieſes bin ich gekommen — (weich
und bittend) Sollten mich meine Brüder zurückſchleudern?

Räuber. (ſtimmen ein Gelächter an)]

R. Moor. (entſchloſſen) Genug! bis hierher Natur! Jetzt
fängt der Mann an! — Auch ich bin der Mordbrenner
Einer — und (ihnen entgegen mit unbeſchreiblicher Hoheit) euer
Hauptmann! Mit dem Schwert wollt Ihr mit eurem
Hauptmann rechten Banditen? (mit gebietender Stimme) Streckt
die Gewehre! Euer Herr ſpricht mit Euch.

Räuber. (werfen erſchrocken ihre Waffen zur Erde) /

R. Moor. Seht! nun ſeid Ihr nichts mehr, [als Kin=
der] und ich — bin frei. Frei muß Moor ſein, wenn er
groß ſein will. [Um ein Elyſium der Liebe iſt mir dieſer
Triumph nicht feil. (er zieht den Degen) Nennt es nicht Wahn=
witz, Banditen, was ihr das Herz nicht habt Größe zu
nennen. Der Witz der Verzweiflung überflügelt den Schne=
ckengang der ruhigen Weisheit. —] Thaten, wie dieſe, über=
legt man, wenn ſie gethan ſind — [Ich will hernach davon
reden] (er ſtürzt auf Amalia zu und wirft ſie mit einem Degenſtoß
nieder)

Räuber. (klatſchen lärmend in die Hände) Bravo! bravo! das
heißt ſeine Ehre löſen wie ein Räuberfürſt! Bravo!

R. Moor. (ſtellt ſich vor Amalia, und bewacht ſie mit ausgeſtreck=
tem Degen) Nun iſt ſie mein! — Mein! — Oder die Ewig=
keit iſt die Grille eines Dummkopfs geweſen. Eingeſegnet
mit dem Schwert hab' ich heimgeführt meine Braut, vor

über an all' ben Zauberhunden meines Feindes Verhängniß (von ihr weg mit stolzen Schritten) Noch manchen Tanz barf die Erbe um die Sonne thun, ehe sie eine zweite That, wie diese, erschwingt. (zärtlich zu Amalia) Und er muß süß gewesen sein der Tod von Bräutigams Händen? Nicht wahr, Amalia?

Amalia. (sterbend im Blut) Süß. (sie streckt ihre Hand aus und stirbt.)

R. Moor. (zu der Bande mit Majestät) Nun ihr erbärmlichen Gesellen? Nicht wahr? So hoch schwindelte eure Schurken=Forderung nie? — Ein Leben habt ihr mir geopfert, ein Leben, das schon verfallen war — [ein Leben voll Abscheulichkeit und Schande —] Ich hab' Euch einen Engel geschlachtet, (wirft den Degen mit Verachtung unter sie) Banditen! Wir sind quitt — Ueber dieser Leiche liegt meine Handschrift zerrissen — Euch schenk ich die Eurige.

Räuber. (dringen sich zu) Deine Leibeigenen wieder bis in den Tod.

R. Moor. Nein! nein! nein! [Gewiß sind wir fertig] Leise flüstert mein Genius: „Geh' nicht weiter, Moor. Hier ist der Markstein des Menschen — und der Deine. Nehmt ihn zurück diesen blutigen Busch. (er wirft seinen Busch auf die Erde) Wer Lust hat, Hauptmann zu sein nach mir, mag ihn aufheben.

[**Räuber.** Ha! Muthloser! wo sind beine hochfliegenden Pläne? Sind's Seifenblasen gewesen, die beim Todesröcheln eines Weibes zerplatzen?]

R. Moor. (mit Würde) Untersucht nicht, wo Moor handelt, das ist mein letzter Befehl — Kommt! schließt einen Kreis um mich, und vernehmt das Testament eures sterbenden Hauptmanns. (er heftet einen verweilenden Blick auf die Bande) Ihr seid treu an mir gehangen. — Treu ohne Beispiel — hätt' euch die Tugend so fest verbrüdert, als die Sünde — ihr wäret Helden worden, und die Menschheit spräch' Eure Namen mit Wonne. Gehet hin, und opfert eure Gaben dem Staate. Dienet einem Könige der für die Rechte der Menschheit streitet — Mit diesem Segen seid ihr entlassen! — (zu Schweizer und Kosinsky) Ihr bleibet.
(Die übrigen Räuber gehen langsam und bewegt von der Bühne)

— 111 —

Achter Auftritt.

R. Moor. Schweizer. Kosinsky.

R. Moor. Gieb mir deine Rechte, Kosinsky; Schweizer, beine Linke. (er nimmt ihre Hände und steht mitten zwischen beiden) Du bist noch rein, junger Mann, unter den Unreinen der einzige Reine! [zu Schweizer] Tief hab' ich diese Hand getaucht in Blut — Ich bin's der's gethan hat. Mit diesem Händedruck nehm' ich zurück, was mein ist. Schweizer! Du bist rein! [er hält ihre Hände mit Inbrunst gen Himmel] Vater im Himmel! hier geb' ich sie dir wieder — Sie werden wärmer an dir hangen, als deine niemals Gefallenen — das weiß ich gewiß.
[Schweizer und Kosinsky fallen sich von beiden Seiten herüber um den Hals]

R. Moor. Jetzt nicht — nur jetzt nicht, meine Lieben. [Schonet meines Muth's in dieser richtenden Stunde. Eine Grafschaft ist mir heute zugefallen - ein Schatz, worauf noch kein Fluch den Harpienflügel schlug — Theilt sie unter euch, Kinder, werdet gute Bürger, und wenn ihr gegen zehn, die ich zu Grunde richtete, nur einen glücklich macht, so ist meine Seele gerettet —] Geht — kein Lebewohl — dort sehen wir uns wieder — oder auch nicht wieder — Fort! Schnell! Eh' ich weich werde.
[beide gehen ab mit verhüllten Gesichtern]

Neunter Auftritt.

R. Moor. [allein, sehr heiter]

Und auch ich bin ein guter Bürger — Erfüll' ich nicht das entsetzlichste Gesetz? Ehr' ich es nicht? Räch' ich es nicht? — Ich erinnere mich einen armen Officier gesprochen zu haben, als ich herüberkam, der um Tagelohn arbeitet, und elf lebendige Kinder hat - Man hat tausend Dukaten geboten, wer den großen Räuber lebendig liefert — Dem Mann kann geholfen werden. [er geht ab.]

dir, und mach' Feierabend am Ziele. — In seiner schönsten Schlacht fällt der Sieger so schön — In diesem Abendroth will ich erlöschen.] Laßt mir den Vater kommen!
(Einige Räuber gehen, und bringen den alten Grafen geführt)

D. a. Moor. Wohin wollt Ihr mit mir? Wo ist mein Sohn?

R. Moor. (mit Würde und Gelassenheit entgegen) Planet und Sandkorn haben ihren gemessenen Platz in der Schöpfung — auch dein Sohn hat den seinen. Sei ruhig, und setz' dich nieder.

D. a. Moor. (bricht in Thränen aus) Kein Kind mehr? Kein Kind mehr?

[R. Moor. Sei ruhig, und setz' dich nieder.

D. a. Moor. O der gutherzigen Barbaren! Aus dem Thurm reißen sie einen sterbenden Greis, ihn zu grüßen: Deine Kinder sind geschlachtet! O, ich bitte euch, vollendet Eure Barmherzigkeit, und stoßt mich wieder hinunter.]

R. Moor. (ergreift seine Hand mit Heftigkeit und hält sie mit Wärme gen Himmel) Lästre nicht, alter Mann! Lästre den Gott nicht, vor dem ich heute freudiger bete. — [Schlimmere, als du bist, haben ihn heute von Angesicht zu Angesicht gesehen.

D. a. Moor. (scharf) Und würgen gelernt?

R. Moor. (böse) Sechzigjähriger! kein solch' Wort mehr. (sanfter und mit Schmerz) Wenn seine Gottheit selbst die S ü n der erwärmet, sollen die Heilige sie zurückstoßen? und wo würdest du Worte finden, ihm Abbitte zu thun, wenn er dir heute — einen Sohn getauft hätte?

D. a. Moor. (bitter) Tauft man heute mit Blut?

R. Moor. (sinnend) Wie sagst du? — Redet denn auch Verzweiflung die Wahrheit — Ja, alter Mann, auch mit Blut kann die Vorsehung taufen — Mit Blut hat sie dir heute getauft —] Ihre [[Seine]] Wege sind seltsam und fürchterlich — aber Freudenthränen am Ziele!

D. a. Moor. Wo werd' ich sie weinen?

R. Moor (der ihm in die Arme stürzt) Am Herzen deines Karl!

D. a. Moor. (im Ausbruch der höchsten Freude) Mein Karl lebt?
R. Moor. Dein Karl lebt! — Dir vorausgeschickt zum Retter, zum Rächer! So lohnte dir dein begünstigter Sohn! (auf den Thurm zeigend) — So rächet sich dein verlorener Sohn! (er drückt ihn wärmer an die Brust)
[Räuber. Volk im Wald! Stimmen!
R. Moor. (fährt auf) Ruft die andern. (Die Räuber ab —
R. Moor für sich) Es ist Zeit mein Herz — den Wollustbecher vom Mund, eh' er vergiftet.
D. a. Moor. Sind diese Männer deine Freunde? Fast fürcht' ich ihre Blicke.
R. Moor. Alles, mein Vater! — dieses frage mich nicht.]

Siebenter Auftritt.

Amalia. (mit fliegenden Haaren) Die ganze Bande, (hinter ihr her und sammelt sich im Hintergrunde der Bühne) Vorige.

Amalia. Die Todten, schreit man seien erstanden auf seine Stimme — Mein Oheim lebendig — aus diesem Grabe — Karl! Oheim! wo find' ich sie?
R. Moor. (zurückbebend) Wer bringt dies Bild vor meine Augen?
[D. a. Moor. (rafft sich zitternd auf) Amalia! Meine Nichte! Amalia!
Amalia. (stürzt dem Alten in die Arme) Dich wieder, mein Vater — und meinen Karl — und alles?
D. a. Moor. Mein Karl lebt — du — ich — lebt Alles! Alles! Mein Karl lebt!]
R. Moor. (rasend zu der Bande) Brecht auf, Brüder! Der Erzfeind hat mich verrathen!
Amalia. (entspringt dem Vater, eilt auf Karl zu, und umschlingt ihn — entzückt) Ich hab' ihn! o ihr Sterne! ich hab' ihn!
R. Moor. Reißt sie von meinem Halse — Tödtet sie! Tödtet ihn, mich, Euch, Alles! Die ganze Welt geh' zu Grunde!

[Amalia. Bräutigam, Bräutigam! Du rasest! Ha! vor Entzückung! Warum bin ich auch so fühllos? Mitten im Wonnewirbel so kalt?
D. a. Moor. Kommt Kinder! Deine Hand, Karl, — Deine, Amalia — O, ich hoffte nie, daß mir vor dem Grabe die Wollust würde! — Ich will sie zusammenfügen auf ewig!
Amalia. Ewig sein! Ewig! Ewig! Ewig mein! O ihr Mächte des Himmels! entlastet mich dieser tödtlichen Wollust, daß ich nicht unter dem Centnergewicht vergehe!
R. Moor. (losgerissen von Amalia) Weg! Weg! — Unglückseligste der Bräute! — Schau selbst! frage selbst! höre! — Unglückseligster der Väter! Laß mich ewig davon rennen!
Amalia. Wohin? Was? Liebe! Ewigkeit! Wonne! Unendlichkeit! Und du fliehst?
D. a. Moor. Mein Sohn flieht? Mein Sohn flieht?
R. Moor. Zu spät! Vergebens! — Dein Fluch, Mensch — frage mich nichts mehr — ich bin — ich bin — dein Fluch — dein vermeinter Fluch!] (gefaßt) So vergeh denn, Amalia! Stirb, Vater! stirb durch mich zum zweitenmal! diese, deine Retter sind Räuber und Mörder! Dein Sohn ist — ihr Hauptmann!
D. a. Moor. Gott! Meine Kinder! (er stirbt)
Amalia. [stumm und starr wie eine Bildsäule.]
Die ganze Bande. (in fürchterlicher Pause)
[R. Moor. (wider eine Eiche rennend) Die Seelen derer, die ich erdrosselte im Genusse der Liebe — derer, die ich zerschmetterte im heiligen Schlafe, — derer — Hahaha! Hört Ihr den Pulverthurm knallen über dem Stuhl der Gebährerin? Seht ihr die Flammen lecken an den Wiegen der Säuglinge? Das ist Brautfackel! Das ist Hochzeitsmusik! O! er vergißt nicht — er weiß zu mahnen! Darum von mir die Wonne der Liebe! Darum mir zum Gerichte die Liebe! — Das ist Vergeltung!]
Amalia. (wie erwacht aus einem Donnerschlage fallend) Es ist wahr! Herrscher im Himmel! [Er sagt:] es ist wahr! — Was hab' ich gethan, [ich unschuldiges Lamm?]] ich habe diesen geliebt!

[R. Moor. Das ist mehr, als ein Mann erduldet. Hab' ich doch den Tod aus mehr denn tausend Röhren auf mich zu pfeifen gehört, und ich bin keinen Fuß breit gewichen, soll ich jetzt erst lernen beben wie ein Weib! Beben vor einem Weibe? — Nein! ein Weib erschüttert meine Mannheit nicht, Blut! Blut! -- Es wird vorüber gehen. Blut will ich saufen — und ich poche dem Tyrannen Verhängniß. (er will davon)]

Amalia. (fällt ihm in die Arme) Mörder! Teufel! Ich kann dich Engel nicht lassen.

R. Moor. (steht verwundert still) Träum' ich' Ras' ich?] |Hat die Hölle eine neue Finte ersonnen ihre satanische Kurzweil mit mir zu treiben? Sie liegt am Halse des Mordbrenners!

Amalia. Ewig! unzertrennlich!

R. Moor.] Noch liebt sie mich! Noch! |Rein bin ich, wie das Licht!| Sie liebt mich mit all' meinen Sünden! (in Freude geschmolzen) Die Kinder des Lichts weinen am Halse begnadigter Teufel — [Meine Furien erdrosseln hier ihre Schlangen —] Die Hölle ist zernichtet. Ich bin glücklich! (verbirgt das Gesicht an ihrem Busen, eine Gruppe voll Rührung. Pause)

[Grimm. (grimmig hervortretend) Halt ein, Verräther! gleich laß diesen Arm fahren — oder ich will dir ein Wort sagen, daß dir die Ohren gellen und deine Zähne vor Entsetzen klappern.]

Schweizer. (streckt das Schwert zwischen beide) Denk' an die böhmischen Wälder! hörst du? zagst du? An die böhmischen Wälder sollst du denken. Treuloser, wo sind deine Schwüre? — [vergißt man Wunden so bald — da wir Glück — Ehre und Leben in die Schanze schlugen für dich? Da wir dir standen wie Mauern — Hobst du da nicht deine Hand zum eisernen Eid auf, schwurst uns nie zu verlassen, wie wir dich nicht verlassen haben! Ehrloser! Treuvergessener! und du willst abfallen, wenn ein Weib weint?

Die Räuber (durcheinander, reißen ihre Kleider auf) Schau her! Schau! Kennst du diese Narben? Mit unserem Herzblut haben wir dich zum Leibeigenen angekauft — Unser

bist du, und wenn der Erzengel Michael mit dem Moloch
in's Handgemeng darüber kommen sollte! Marsch mit uns!
Opfer um Opfer! Liebe um Treue! ein Weib um die
Bande!]

R. Moor. (läßt Amalien fahren) Es ist aus — Ich wollte
umkehren, und zu meinem Vater gehen; aber der im
Himmel sagt: Nein! [Rolle doch deine Augen nicht so,
Amalia — Er bedarf ja meiner nicht — Hat er nicht Geschöpfe die Fülle — Einen kann er so leicht missen. Dieser Eine nun bin ich] Kommt, Kameraden! (er dreht sich
nach der Bande)

Amalia (reißt ihn zurück) Halt! Halt! einen Stoß! Ei-
nen Todesstoß! Neu verlassen! |Zieh den Degen, und
erbarme dich.

R. Moor. Das Erbarmen ist in die Bären gefahren.
Ich tödte dich nicht.

Amalia. (seine Kniee umfassend) O um Gottes willen!
Um aller Erbarmungen willen! ich will ja nicht Liebe mehr
— ich weiß ja wohl, daß droben unsere Sterne feindlich
von einander fliehen — Tod ist meine Bitte nur. Sieh!
meine Hand zittert. Ich habe das Herz nicht — zu stoßen.
Mir bangt vor der blitzenden Scheide. Dir ist's so leicht,
du bist Meister im Morden.] Zieh den Degen, und ich bin
glücklich.

R. Moor. (sehr streng) Willst du allein glücklich sein?
fort! Ich tödte kein Weib!

Amalia. Ha Würger! Du kannst nur die Glücklichen
tödten, den Lebenssatten gehst du vorüber. (flehend zu der Bande)
So erbarmet Euch meiner, ihr Schüler des Henkers. |Es
ist ein so blutdürstiges Mitleid in euren Blicken, das den
Elenden Trost ist.] Drückt ab — Euer Meister ist ein feigherziger Prahler. (einige Räuber zielen.)

R. Moor. (außer Fassung) Zurück Harpien! (er tritt mit
Majestät dazwischen) Wag' es einer in mein Heiligthum zu
brechen! Sie ist mein (indem er sie mit starken Armen umfaßt)
[Und nun ziehe an ihr der Himmel, die Hölle an mir. —
Die Liebe über den Eiden! (er hebt sie hoch auf und schwingt sie

in dieser Gruppe unerschrocken gegen die ganze Bande)] Was die Natur aneinanderschmiedet — wer wird es scheiden?

Räuber (schlagen an) Wir.

[R. Moor. (bitter lachend) Ohnmächtige! (er läßt Amalia halb entseelt auf den Stein nieder) Blickt auf, meine Verlobte! Priestersegen wird uns nicht vereinen, aber ich weiß etwas besseres, (er nimmt Amalia's Halstuch hinweg, und entblößt ihr den Busen — zu der Bande gelassener) Schaut diese Schönheit, ihr Männer — (zärtlich traurig) Schmelzt sie Banditen nicht? (nach einer Pause sanft) Schaut mich an, Banditen — Jung bin ich, und liebe — hier werb' ich geliebt — angebetet. Bis an's Thor des Paradieses bin ich gekommen — (weich und bittend) Sollten mich meine Brüder zurückschleudern?

Räuber. (stimmen ein Gelächter an)]

R. Moor. (entschlossen) Genug! bis hierher Natur! Jetzt fängt der Mann an! — Auch ich bin der Mordbrenner Einer — und (ihnen entgegen mit unbeschreiblicher Hoheit) euer Hauptmann! Mit dem Schwert wollt Ihr mit eurem Hauptmann rechten Banditen? (mit gebietender Stimme) Streckt die Gewehre! Euer Herr spricht mit Euch.

Räuber. (werfen erschrocken ihre Waffen zur Erde) /

R. Moor. Seht! nun seid Ihr nichts mehr, [als Kinder] und ich — bin frei. Frei muß Moor sein, wenn er groß sein will. [Um ein Elysium der Liebe ist mir dieser Triumph nicht feil. (er zieht den Degen) Nennt es nicht Wahnwitz, Banditen, was ihr das Herz nicht habt Größe zu nennen. Der Witz der Verzweiflung überflügelt den Schneckengang der ruhigen Weisheit. —] Thaten, wie diese, überlegt man, wenn sie gethan sind — [Ich will hernach davon reden! (er stürzt auf Amalia zu und wirft sie mit einem Degenstoß nieder)

Räuber. (klatschen lärmend in die Hände) Bravo! bravo! das heißt seine Ehre lösen wie ein Räuberfürst! Bravo!

R. Moor. (stellt sich vor Amalia, und bewacht sie mit ausgestrecktem Degen) Nun ist sie mein! — Mein! — Oder die Ewigkeit ist die Grille eines Dummkopfs gewesen. Eingesegnet mit dem Schwert hab' ich heimgeführt meine Braut, vor-

über an all' den Zauberhunden meines Feindes Verhängniß (von ihr weg mit stolzen Schritten) Noch manchen Tanz
darf die Erde um die Sonne thun, ehe sie eine zweite That,
wie diese, erschwingt. (zärtlich zu Malia) Und er muß süß gewesen sein der Tod von Bräutigams Händen? Nicht wahr,
Amalia?

Amalia. (sterbend im Blut) Süß. (sie streckt ihre Hand aus
und stirbt.)

R. Moor. (zu der Bande mit Majestät) Nun ihr erbärmlichen Gesellen? Nicht wahr? So hoch schwindelte eure Schur-
ken-Forderung nie? — Ein Leben habt ihr mir geopfert,
ein Leben, das schon verfallen war — [ein Leben voll Abscheulichkeit und Schande —] Ich hab' Euch einen Engel
geschlachtet, (wirft den Degen mit Verachtung unter sie) Banditen!
Wir sind quitt — Ueber dieser Leiche liegt meine Handschrift zerrissen — Euch schenk ich die Eurige.

Räuber. (drängen sich zu) Deine Leibeigenen wieder bis
in den Tod.

R. Moor. Nein! nein! nein! [Gewiß sind wir fertig]
Leise flüstert mein Genius: „Geh' nicht weiter, Moor.
Hier ist der Markstein des Menschen — und der
Deine. Nehmt ihn zurück diesen blutigen Busch. (er wirft
seinen Busch auf die Erde) Wer Lust hat, Hauptmann zu sein
nach mir, mag ihn aufheben.

[Räuber. Ha! Muthloser! wo sind deine hochfliegenden
Plane? Sind's Seifenblasen gewesen, die beim Todesröcheln eines Weibes zerplatzen?]

R. Moor. (mit Würde) Untersucht nicht, wo Moor
handelt, das ist mein letzter Befehl — Kommt! schließt
einen Kreis um mich, und vernehmt das Testament eures
sterbenden Hauptmanns. (er heftet einen verweilenden Blick auf
die Bande) Ihr seid treu an mir gehangen. — Treu ohne
Beispiel — hätt' euch die Tugend so fest verbrüdert, als
die Sünde — ihr wäret Helden worden, und die Menjch-
heit spräch' Eure Namen mit Wonne. Gehet hin, und
opfert eure Gaben dem Staate. Dienet einem Könige der
für die Rechte der Menschheit streitet — Mit diesem Segen
seid ihr entlassen! — (zu Schweizer und Kosinsky) Ihr bleibet.
(die übrigen Räuber gehen langsam und bewegt von der Bühne)

Achter Auftritt.

R. Moor. Schweizer. Kosinsky.

R. Moor. Gieb mir beine Rechte, Kosinsky; Schweizer, deine Linke. (er nimmt ihre Hände und steht mitten zwischen beiden) Du bist noch rein, junger Mann, unter den Unreinen der einzige Reine! [zu Schweizer] Tief hab' ich diese Hand getaucht in Blut — Ich bin's der's gethan hat. Mit diesem Händedruck nehm' ich zurück, was mein ist. Schweizer! Du bist rein! [er hält ihre Hände mit Inbrunst gen Himmel] Vater im Himmel! hier geb' ich sie dir wieder — Sie werden wärmer an dir hangen, als deine niemals Gefallenen — das weiß ich gewiß.
[Schweizer und Kosinsky fallen sich von beiden Seiten herüber um den Hals]
R. Moor. Jetzt nicht — nur jetzt nicht, meine Lieben. [Schonet meines Muth's in dieser richtenden Stunde. Eine Grafschaft ist mir heute zugefallen – ein Schatz, worauf noch kein Fluch den Harpienflügel schlug — Theilt sie unter euch, Kinder, werdet gute Bürger, und wenn ihr gegen zehn, die ich zu Grunde richtete, nur einen glücklich macht, so ist meine Seele gerettet —] Geht — kein Lebewohl — dort sehen wir uns wieder — oder auch nicht wieder — Fort! Schnell! Eh' ich weich werde.
[beide gehen ab mit verhüllten Gesichtern]

Neunter Auftritt.

R. Moor. [allein, sehr heiter]

Und auch ich bin ein guter Bürger — Erfüll' ich nicht das entsetzlichste Gesetz? Ehr' ich es nicht? Räch' ich es nicht? — Ich erinnere mich einen armen Officier gesprochen zu haben, als ich herüberkam, der um Tagelohn arbeitet, und elf lebendige Kinder hat - Man hat tausend Dukaten geboten, wer den großen Räuber lebendig liefert — Dem Mann kann geholfen werden. [er geht ab.]

Druckfehler.

S. 9, Z. 11 v. u. l. Becher.
S. 11, Z. 14 v. u. l. ich
S. 60, Z. 5 v. u. l. Jäger] zweihundert in allem.

Druck von W. Plötz in Halle.